圖書在版編目（CIP）數據

西天館譯語 /（明）佚名編．赤雅 /（明）鄺露撰
．-- 北京：文物出版社，2022.6
（海上絲綢之路基本文獻叢書）
ISBN 978-7-5010-7513-3

Ⅰ．①西… ②赤… Ⅱ．①佚… ②鄺… Ⅲ．①梵語－經文②歷史地理－中國－明代 Ⅳ．①B920 ②K928.648

中國版本圖書館 CIP 數據核字（2022）第 064973 號

海上絲綢之路基本文獻叢書

西天館譯語·赤雅

著　　者：〔明〕佚名　〔明〕鄺露
策　　划：盛世博閱（北京）文化有限責任公司

封面設計：鞏榮彪
責任編輯：劉永海
責任印製：張道奇

出版發行：文物出版社
社　　址：北京市東城區東直門内北小街 2 號樓
郵　　編：100007
網　　址：http://www.wenwu.com
郵　　箱：web@wenwu.com
經　　銷：新華書店
印　　刷：北京旺都印務有限公司
開　　本：787mm×1092mm　1/16
印　　張：14.25
版　　次：2022 年 6 月第 1 版
印　　次：2022 年 6 月第 1 次印刷
書　　號：ISBN 978-7-5010-7513-3
定　　價：98.00 圓

海上絲綢之路基本文獻叢書

西天館譯語

赤雅

〔明〕佚名 編／〔明〕鄺露 撰

文物出版社

總緒

海上絲綢之路，一般意義上是指從秦漢至鴉片戰争前中國與世界進行政治、經濟、文化交流的海上通道，主要分爲經由黄海、東海的海路最終抵達日本列島及朝鮮半島的東海航綫和以徐聞、合浦、廣州、泉州爲起點通往東南亞及印度洋地區的南海航綫。

在中國古代文獻中，最早、最詳細記載『海上絲綢之路』航綫的是東漢班固的《漢書·地理志》，詳細記載了西漢黄門譯長率領應募者入海『齎黄金雜繒而往』之事，書中所出現的地理記載與東南亞地區相關，并與實際的地理狀况基本相符。

東漢後，中國進入魏晋南北朝長達三百多年的分裂割據時期，絲路上的交往也走向低谷。這一時期的絲路交往，以法顯的西行最爲著名。法顯作爲從陸路西行到印度，再由海路回國的第一人，根據親身經歷所寫的《佛國記》（又稱《法顯傳》）一書，詳細介紹了古代中亞和印度、巴基斯坦、斯里蘭卡等地的歷史及風土人情，是瞭解和研究海陸絲綢之路的珍貴歷史資料。

隨着隋唐的統一，中國經濟重心的南移，中國與西方交通以海路爲主，海上絲綢之路進入大發展時期。廣州成爲唐朝最大的海外貿易中心，朝廷設立市舶司，專門管理海外貿易。唐代著名的地理學家賈耽（七三〇～八〇五年）的《皇華四達記》記載了從廣州通往阿拉伯地區的海上交通『廣州通夷道』，詳述了從廣州港出發，經越南、馬來半島、蘇門答臘半島至印度、錫蘭，直至波斯灣沿岸各國的航綫及沿途地區的方位、名稱、島礁、山川、民俗等。譯經大師義净西行求法，將沿途見聞寫成著作《大唐西域求法高僧傳》，詳細記載了海上絲綢之路的發展變化，是我們瞭解絲綢之路不可多得的第一手資料。

宋代的造船技術和航海技術顯著提高，指南針廣泛應用於航海，中國商船的遠航能力大大提升。北宋徐兢的《宣和奉使高麗圖經》詳細記述了船舶製造、海洋地理和往來航綫，是研究宋代海外交通史、中朝友好關係史、中朝經濟文化交流史的重要文獻。南宋趙汝適《諸蕃志》記載，南海有五十三個國家和地區與南宋通商貿易，形成了通往日本、高麗、東南亞、印度、波斯、阿拉伯等地的『海上絲綢之路』。宋代爲了加强商貿往來，於北宋神宗元豐三年（一〇八〇年）頒佈了中國歷史上第一部海洋貿易管理條例《廣州市舶條法》，并稱爲宋代貿易管理的制度範本。

元朝在經濟上採用重商主義政策，鼓勵海外貿易，中國與歐洲的聯繫與交往非常頻繁，其中馬可·波羅、伊本·白圖泰等歐洲旅行家來到中國，留下了大量的旅行記，記録元代海上絲綢之路的盛况。元代的汪大淵兩次出海，撰寫出《島夷志略》一書，記録了二百多個國名和地名，其中不少首次見於中國著録，涉及的地理範圍東至菲律賓群島，西至非洲。這些都反映了元朝時中西經濟文化交流的豐富内容。

明、清政府先後多次實施海禁政策，海上絲綢之路的貿易逐漸衰落。但是從明永樂三年至明宣德八年的二十八年裏，鄭和率船隊七下西洋，先後到達的國家多達三十多個，在進行經貿交流的同時，也極大地促進了中外文化的交流，這些都詳見於《西洋蕃國志》《星槎勝覽》《瀛涯勝覽》等典籍中。

關於海上絲綢之路的文獻記述，除上述官員、學者、求法或傳教高僧以及旅行者的著作外，自《漢書》之後，歷代正史大都列有《地理志》《四夷傳》《西域傳》《外國傳》《蠻夷傳》《屬國傳》等篇章，加上唐宋以來衆多的典制類文獻、地方史志文獻，集中反映了歷代王朝對於周邊部族、政權以及西方世界的認識，都是關於海上絲綢之路的原始史料性文獻。

海上絲綢之路概念的形成，經歷了一個演變的過程。十九世紀七十年代德國地理學家費迪南・馮・李希霍芬（Ferdinad Von Richthofen，一八三三～一九〇五），在其《中國：親身旅行和研究成果》第三卷中首次把輸出中國絲綢的東西陸路稱爲『絲綢之路』。有『歐洲漢學泰斗』之稱的法國漢學家沙畹（Édouard Chavannes，一八六五～一九一八），在其一九〇三年著作的《西突厥史料》中提出『絲路有海陸兩道』，蘊涵了海上絲綢之路最初提法。迄今發現最早正式提出『海上絲綢之路』一詞的是日本考古學家三杉隆敏，他在一九六七年出版《中國瓷器之旅：探索海上的絲綢之路》中首次使用『海上絲綢之路』一詞；一九七九年三杉隆敏又出版了《海上絲綢之路》一書，其立意和出發點局限在東西方之間的陶瓷貿易與交流史。

二十世紀八十年代以來，在海外交通史研究中，『海上絲綢之路』一詞逐漸成爲中外學術界廣泛接受的概念。根據姚楠等人研究，饒宗頤先生是華人中最早提出『海上絲綢之路』的人，他的《海道之絲路與昆侖舶》正式提出『海上絲路』的稱謂。選堂先生評價海上絲綢之路是外交、貿易和文化交流作用的通道。此後，大陸學者馮蔚然在一九七八年編寫的《航運史話》中，使用『海上絲綢之路』一詞，這是迄今學界查到的中國大陸最早使用『海上絲綢之路』的人，更多地限於航海活動領域的考察。一九八〇年北京大學陳炎教授提出『海上絲綢之路』研究，并於一九八一年發表《略論海上絲綢之路》一文。他對海上絲綢之路的理解超越以往，且帶有濃厚的愛國主義思想。陳炎教授之後，從事研究海上絲綢之路的學者越來越多，尤其沿海港口城市向聯合國申請海上絲綢之路非物質文化遺産活動，將海上絲綢之路研究推向新高潮。另外，國家把建設『絲綢之路經濟帶』和『二十一世紀海上絲綢之路』作爲對外發展方針，將這一學術課題提升爲國家願景的高度，使海上絲綢之路形成超越學術進入政經層面的熱潮。

與海上絲綢之路學的萬千氣象相對應，海上絲綢之路文獻的整理工作仍顯滯後，遠遠跟不上突飛猛進的研究進展。二〇一八年厦門大學、中山大學等單位聯合發起『海上絲綢之路文獻集成』專案，尚在醖釀當中。我們不揣淺陋，深入調查，廣泛搜集，將有關海上絲綢之路的原始史料文獻和研究文獻，分爲風俗物産、雜史筆記、海防海事、典章檔案等六個類别，彙編成《海上絲綢之路歷史文化叢書》，於二〇二〇年影印出版。此輯面市以來，深受各大圖書館及相關研究者好評。爲讓更多的讀者親近古籍文獻，我們遴選出前編中的菁華，彙編成《海上絲綢之路基本文獻叢書》，以單行本影印出版，以饗讀者，以期爲讀者展現出一幅幅中外經濟文化交流的精美畫卷，爲海上絲綢之路的研究提供歷史借鑒，爲『二十一世紀海上絲綢之路』倡議構想的實踐做好歷史的詮釋和注脚，從而達到『以史爲鑒』『古爲今用』的目的。

凡例

一、本編注重史料的珍稀性，從《海上絲綢之路歷史文化叢書》中遴選出菁華，擬出版百册單行本。

二、本編所選之文獻，其編纂的年代下限至一九四九年。

三、本編排序無嚴格定式，所選之文獻篇幅以二百餘頁爲宜，以便讀者閱讀使用。

四、本編所選文獻，每種前皆注明版本、著者。

五、本編文獻皆爲影印，原始文本掃描之後經過修復處理，仍存原式，少數文獻由於原始底本欠佳，略有模糊之處，不影響閱讀使用。

六、本編原始底本非一時一地之出版物，原書裝幀、開本多有不同，本書彙編之後，統一爲十六開右翻本。

目録

西天館譯語

西天館譯語

一卷

〔明〕佚名 編

清初刻本

頻 嗒 斡

資囉 他 囉

室哩 鑾 咄

而丹 巻 達

末葛鉢

囉得咧盧

葛 月 摎

夷 微 嚕

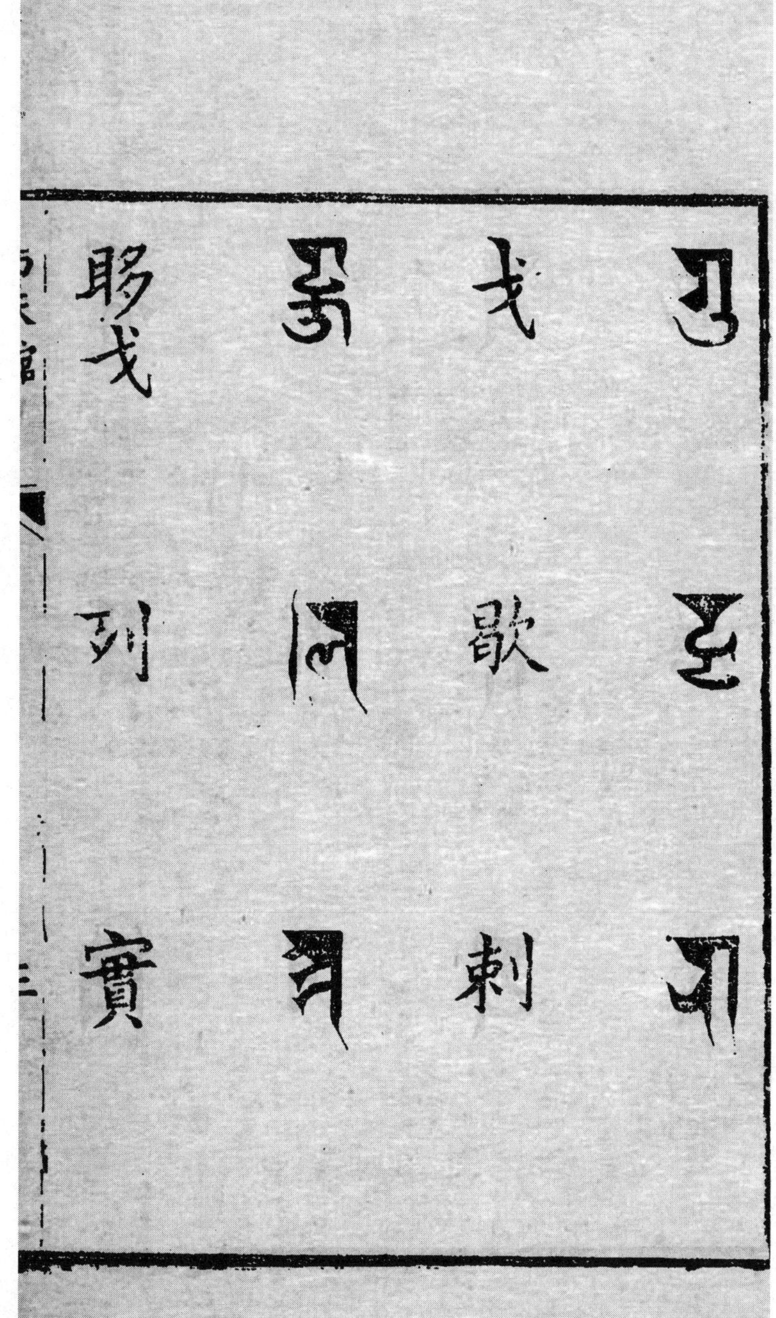
歌
刺
戈
畧戈
列
實
三

說　囉　月

勃　搭　奔

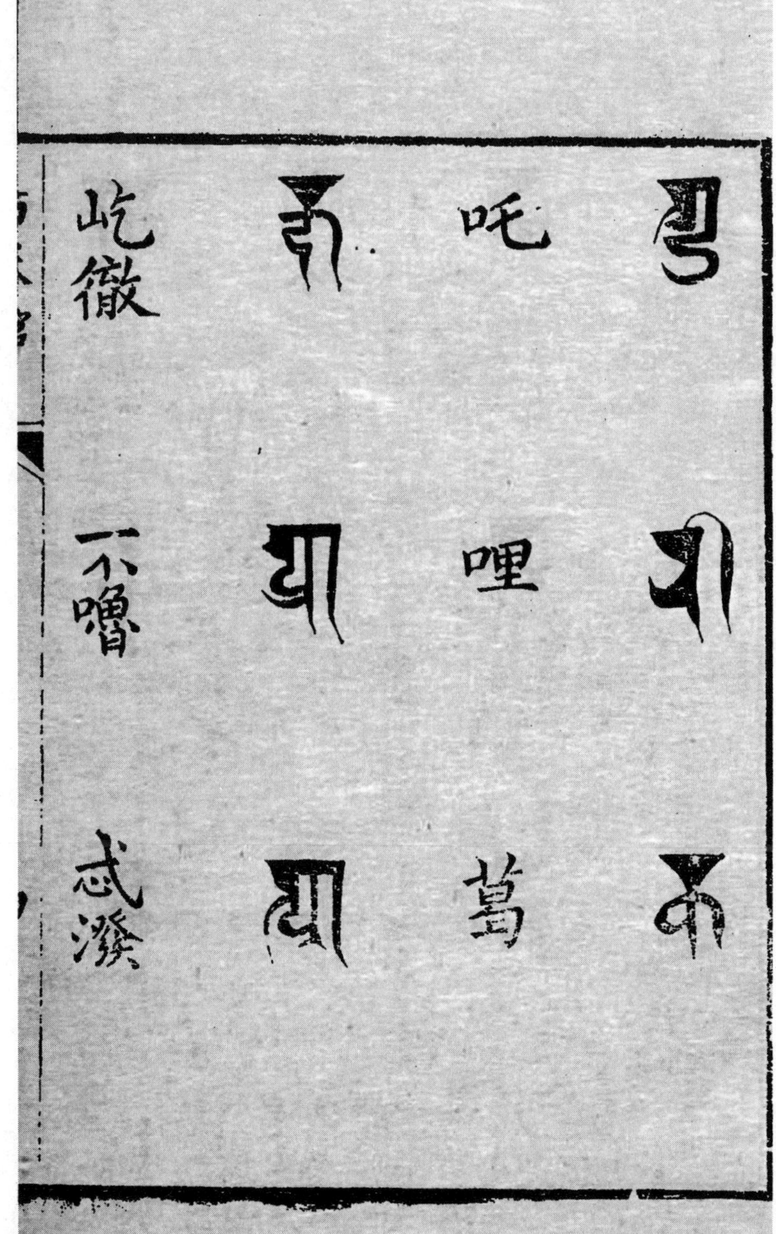
吒
屹徹
哩
一不嚕
葛
忒潑

忒辣 葛 末

辣 捺 捺

西天館 五

不嚕　忒辣　辣

顛　斡　資囉

ཝ　ལཾ　ས

斡　嚂　莎

ཀ　ལ　ན

葛　里　納

麼

和

哩麼

和

坏哩

鍋

追眷鄉

葛不而麽

開

頞

難

歹

斡

資囉

པ	巴	ད	咄
ཉ	聶	ཊཾ	而丹
ས	撒	ཏ	荅

達
末
該
徵
啸
徵

囉 毘 拍

忒薩 而 别

撒

辣

倭

耶

忒辣

得撒

莎　葛　唻

不而　思坡　囉

忒斡
資囉
孤
追
撒
不而

尼由　巴　耶

末　曷　葛

魯 那 撈

戛 達 哩塔

葛　唻　鉢

唻　赫咧　瑟吒

多　瑟吒　沙

崖　麼　爹

歹　孤嚕　他

月　葛而　曷

而
勃
别
塔
撒
葛唎

牒葛唻

拿台薩

而曇　不而　納

荅　月　葛而

孩　不而　納

篾　拿　談

三
勃
談
拍
戞
彎

擔
荅
塔

戛
擔
葛咧

丹
拶
列

奔
祝
蒲

堙 宜 擔

阿 昌 思銕

都

葛而

荅

末

銕

搭

耶 末 麻

而塔 耶 頰

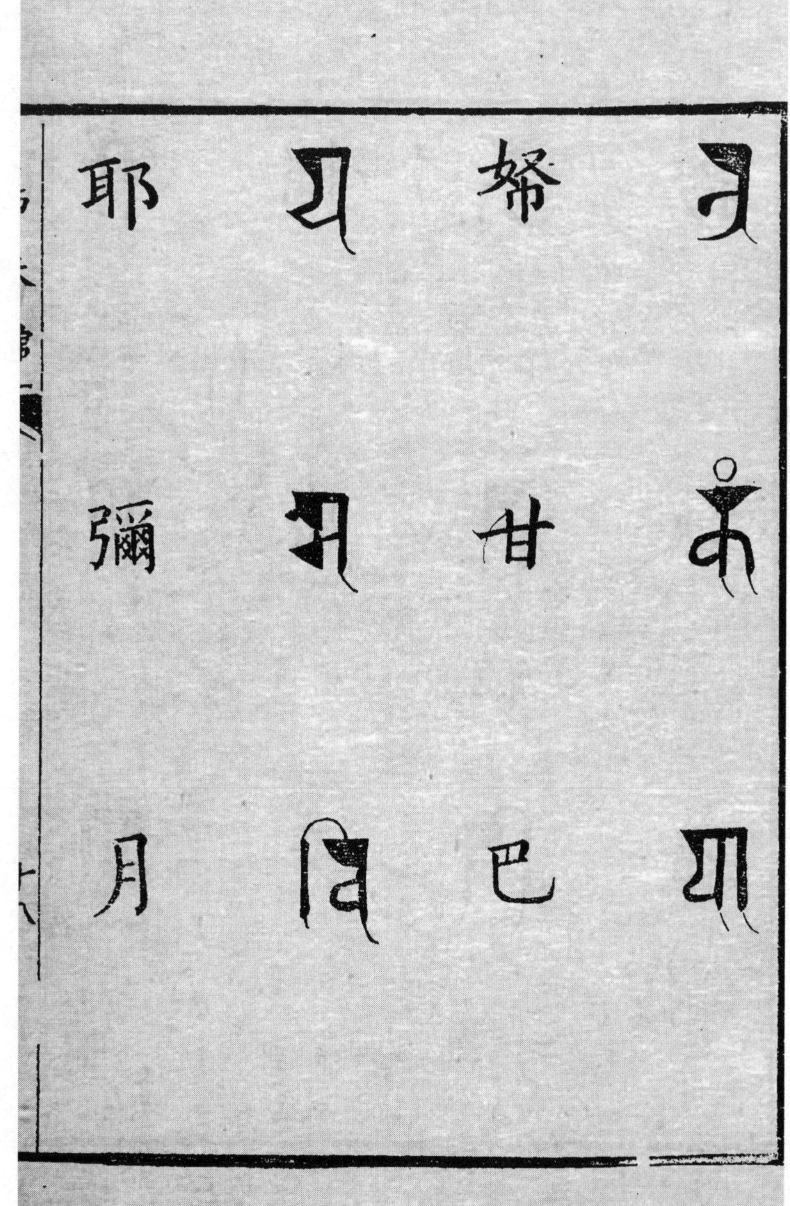

鋪 麻 牙

撈 辣 撒

三菩提

耶塔辣

批

拍

瓦

篾

含

頻

尼牙

捺

鉢

葛

末

戛

拿

喃

格梨

賒

月牙

鍋

辣 三
齋 掖
荅 搭

耶 薩 而斡

薩 埵 喃

頞 帑 荅

囉 拍 辣

不荅　姨　不而

葛　賒　耶

多
三
勃
圖
拍
戛

巒 沙 思達

撈 戛 忒戈

魯末昌

薩末耶

荅　埵　尼牙

因　特唎　牙

賖
耶
月
忒鉢
囉
拍

戛　彎　尼牙

捺　葛　耶

癹 末 解

瑟尼 奢 癹

璣 瑟鉢 的

曼 祖 室哩

ཉ 尼牙

ན 捺

ས 薩

ཏ 埵

ཐ 劵

ཉ 尼牙

捺 謨 而的

莎 岩 蒲

斡
千
訛

剌
而塔
麼

笪剌而談

末曷而荅

末
薩
鑾

攝
灣
啞

爹 末 銕顏

的 甘 列牙

尼吟
捺
麻
桑
機
疊

麼答巒

牙滴歹

葩　勃
瑟　胎
搭　葩

瑟
山
的
歌
拿

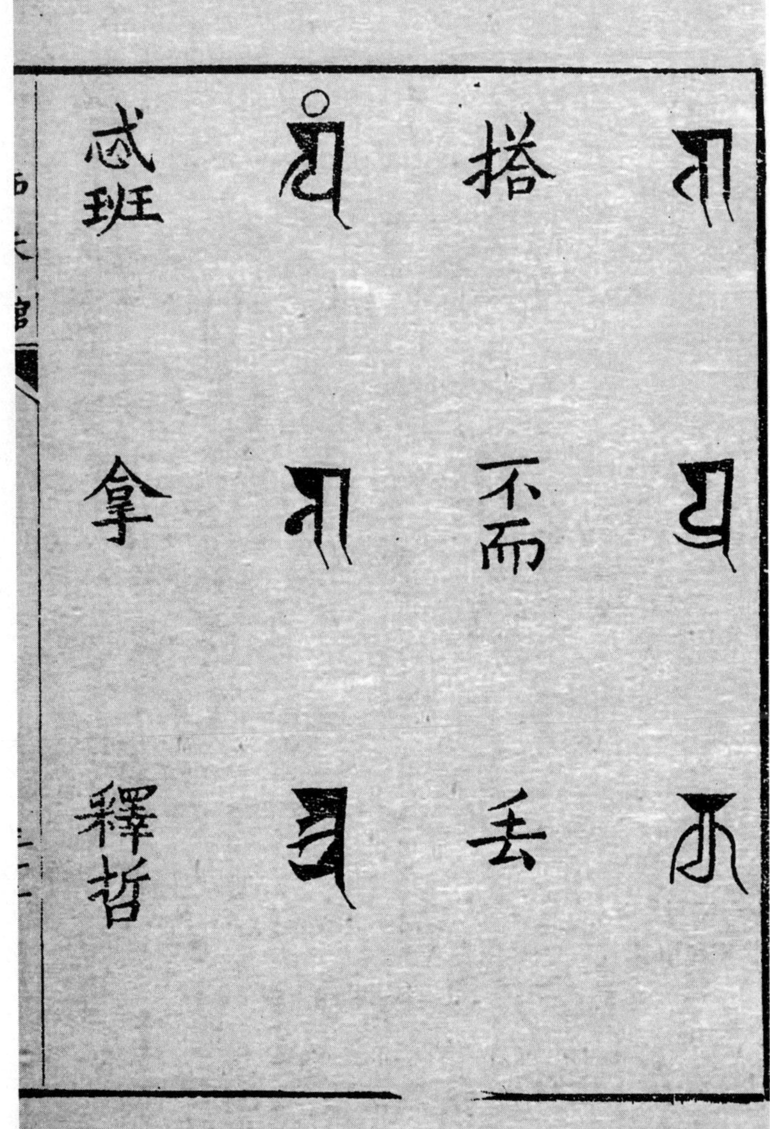

三勃撻

岩葩刪

ད 的

པ 鉢

ན 捺

པ 鉢

ན 捺

མ 麻

牙摎梨

末曷丹

得哩　牙　雜

斯珉　三　不而

璣耶的

末曷斡

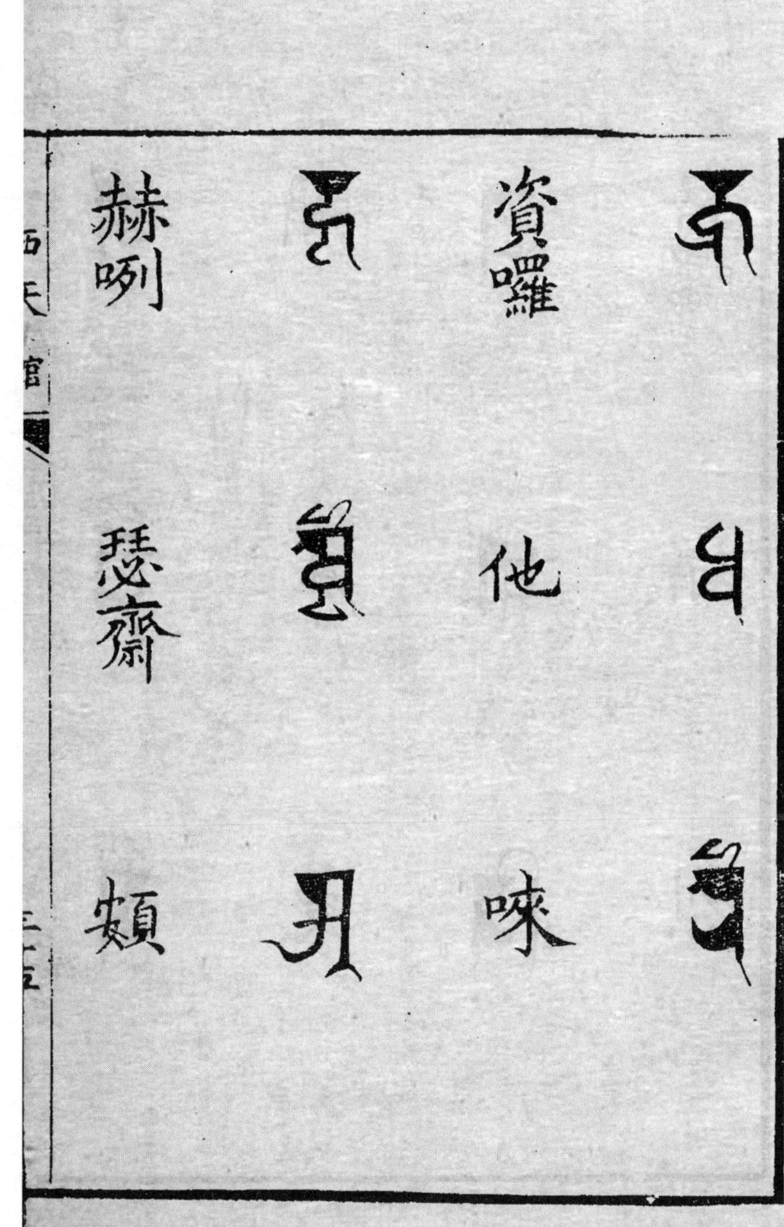

彌
崖
曼

特囉
塌
烈

撒
頻
含

栽
喃
塌

囉 拽 砂

篋牙 揑 而牙

楠

得烈

茶

賒

耶

拽

塔
拍
瓦

篾牙
含
拿

薩
而斡
三

勃
塔
戈

歇　忒咧　克

不而　葛　賒

荅　頻　實

奢　格梨　賒

拿　沙　耶

頻　實　紗

ཡེ ཤ ས

拽 石 薩

ཤ ནཾ ཡེ

[illegible] 喃 拽

塔賒耶

月實奢

尼牙

捺

昂

捺

[illegible]

宜

彎 頬 題

賒 戈 欣

都嚕
斡
資囉
巴
聶
呑

塔 戞 擔

葛哷 丹 咱

列奔祝

蒲埵不而

滑　葛　耶

思鏌　都　葛而

荅 唵 吽

赤雅

赤雅

〔明〕鄺露 撰

清抄本

赤雅

南海鄺露撰

土司世冑

土司惟諸岑最强出岑彭西像雲臺精應列宿布皇祭神威擬王者世爲外臣傾襲得法其女珠衣雀扇火齊金鐙乍見訝爲仙人

形勢

四府三十七州形勢宛然一袠周戰國圖區分畛埓遠交近攻雖暴弱殘殺奪畧終莫能越其寸尺其主幼弱寡昧頭目用事似三家六卿之

類寡弱甚者割村為質如列國割地献城之例然有年月刻板歲盈則反傾義重士有似四公子但見門銅柱士非遜亡流竄憤世絶俗甘心飡蚍之口孰肯胝繭而躡之是以碣石空懸而雕龍之士罕至矣

法制

土司法極嚴肅鞭笞殺戮其人死無二心民怯于私憤勇于公闘似秦嚴刑峻法嫺于文司似鄭商販入其境以二槍交植境上曰税未輸而越關者許射之既輸暮行露宿貨物狼藉無敢覬

小山堂鈔本

者

布伯

土司稱其酋曰布伯謂其百姓曰提陀命其女奴曰獠婢布伯布令之長也提陀可以滞噉人也南史獠婢所生指是

岑家兵者畧

岑氏家法七人為伍每伍相為命四人專主擊刺三人專主割首所獲首級七人共之割首之人雖有炤護主擊刺者之責但能奮殺向前不必武藝絕倫也

狼兵

狼兵鷙悍天下稱最多非真狼土官親行部署乃出性極貪淫動不可制嚴志明律用之勝否則敗

小山堂鈔本

猺人

猺人祀典

猺名畲客古八蠻之種五溪以南窮極嶺海迤邐巴蜀藍湖槃侯四姓槃姓居多皆高辛狗王之後以犬戎奇功尚帝火主封于南山種落繁衍時節祀之劉禹錫詩時節祝槃瓠是也其樂五合其旗五方其衣五采是謂參五奏樂男左女右鐃鼓胡盧笙忽雷匏雲陽祭畢合樂男女跳躍擊雲陽為節以定婚媾例具大木槽扣槽

群號先献人頭一枚名胡將軍首級予觀祭時以桄榔麪為之時無罪人故耳設首群樂畢作然後用熊羆虎豹呦鹿飛鳥溪毛各為九壇分為七献七九六十三取升数也七献既陳焚燎節去擇其女之姱麗婀巧者勸客極其綢繆而後已十月祭都貝大王女連袂而舞謂之蹋猺相悅則男騰躍跳踴負女而去

雲韓君兵法

雲韓娘相思寨兵能以火擊衆部署之法將千人者得以軍令臨百人之將將百人者得以軍

令臨十人之將一人敵則左右大呼夾擊一伍爭救之一人戰没左右不夾擊即斬一伍之人皆論罪及截耳一伍赴敵則左右伍呼而夾擊一隊爭救之一伍戰没左右不夾擊者即斬一隊之衆皆論罪及截耳不如令者斬退縮者斬走者斬言語惑衆者斬敵人衝而亂者斬敵以金帛遺拾者斬其功賞之法戰没者臨陣躍馬前闘因而破敵雖不獲敵而能奪敵之氣者受上賞斬級者論首虜斬級而冠同伍者輒以其伍屬之

雜娘盛飾

猺女握兵符者涄冠偏髻之玉披紫鳳之裘曳蝶綃佩文犀之印望之若神人矣何謂偏髻中以賸玉琢雙鳳頭握髮盤之北齊禮服志八品女官偏髻結與此畧同鳳裘白鳳州綠含鳳毛所織色久逾鮮服之辟寒蝶綃冰蚕所織以蝶紋輕逾火浣服之辟暑諺云鳳裘無冬蝶綃無夏蹮雪無前雜雲無價蹮雪駿馬名也

四姓髻鬟

髻有芙蓉有望仙有仙人有雙龍有孤鳳有濃

春有散夏有懊儂有萬疊愁有急手粧其下有椎髻有垂鞭有盤陀有鹿角豪家髻鬟稍不稱者群笑之目為丁粧錦有鸎頭錦花蟲錦蛇濡錦以蛇膏澤之辟毒霧入水不濡一名龍油錦簇蝶錦以熟金為之古詩惆悵金泥簇蝶裙春來猶得伴雲行

卉服

南方草木可以衣者曰卉服績其皮者有勾芒布紅蕉布弱雪衣苧蔴所為淮南子弱錫細布一端數金火浣布〻有三種畢方麻者一端數

金祝融木者一端百金火鼠毛者一端千金績其花者有桐花布瓊枝布娑羅布其精者曰娑羅龍段吉貝布又名班布桃花布南中千葉桃花似牡丹穗長尺許織繐成布文勝火浣多矣但過冬則散南史齊武帝乘龍舟遊江中紝越布為帆㣸鍮石為足榜人皆着欝林布帝王誇為炫耀其珍可知

鳥章

鳥毳之精織成文章者謂之鋪袱鳥毳之粗市于狢獐謂之鶖罽詩曰鶖毛御臘逄山罽

小山堂鈔本

猺仙

居思娥隱貴縣南七十里居思巖靈果紛敷食之五蘊皆香懷之迷不浔出人或遇之問其姓名必曰居思娥山下人也

龍母山

容縣南花邨有龍潭渟泓莫測猺女飲水為龍所據陰雲羃羃既歸常有寒氣人莫能近女亦弗覺也歲餘產龍無血水數升下霧挾去母無恙數年母卒既殮龍来擁抱其骸向潭之側萬峯廻拱成一月堂衆隨去石裂龍負骸入龍入

石合廟在梧江祝風雨甚驗

李龍宅

元開閭閻業人李龍好修煉一日謂妻曰體瘝甚暫浴汝姑待之雷雨大作妻驚視遍體鱗生厲妻曰我歲一來當以米糕祀我語畢夾雷雨而去至今赫然

生丁白丁黑丁

椎結班衣兒時既燒鐵石烙其跟踱趾以蛇油重研若鞹穿青走棘履險如夷

丁婦

小山堂鈔本

黥面繡額為花卉蜻蜓之狀嫁則荷傘懸履以戒途

鍊刀

兒時選精鐵如兒重漬以藥水及長兒時煉日刺熊衝堅服以終老

毒槊

毒槊無刄狀如朽鉄着人無血而死意列子所稱宵練者耶

結納

猺老暗結城市豪傑號曰招主自稱曰耕丁招

主復結官府左右為耳目有事朝發夕聞

野戰

臨敵比偶而前執槍者作前作却以衛弩執弩者口啣刀而手執矢矢盡援弩與槍俱奮

誓師

凡有仇闘殺牛聚衆對神盟誓其法令人忘死先期刻木揷于山椒以示不詭

狑人 狚人附

雕題高髻狀若猩狒散居蕃中不室而處飢食橡薯射狐狸鼠蠻蕢蚳蝝甘生如薺卉衣鳥言

小山堂鈔本

重譯四姓狑外曰狙其風囷闇意莊子所稱狙公云

獞官婚嫁

獞人聚而成村者爲獞推其長曰峒官峒官之家婚嫁以豪侈相勝婿來就婚女家五里外采香草異花結爲廬號曰入寮錦茵綺筵鼓樂導男女而入盛兵爲備小有言則歃兵相鏖成親後婦之婢媵逆婿者即手刃之能殺婢媵多者妻方畏懼否則懦而易之半年始與婦婿歸盛兵陳樂馬上飛鎗走毬鳴鐃名出寮舞

浪花歌

峒女于春秋時布花果笙簫于名山五絲刺同心結百紐鴛鴦囊選峒中之火好者伴峒官之女名曰天姬隊餘則三三五五採芳拾翠于山椒水湄歌唱為樂男亦三五成群歌而赴之相得則唱和竟日解衣結帶相贈以去春歌正月初一三月三日秋歌中秋節三月之歌曰浪花歌

收魂

峒壻遠歸則止三十里外遣瑤眊持籃往迎之

脫婦人中衵貯籃中曰妝魂瑤毦者巫也

撞丁

冬編鵞毛夏衣木葉摶飯掬水以禦飢渴緝茅索綯伐木架楹人栖其上牛羊犬豕畜其下謂之麻欄子長娶婦別欄而居

丁婦

娶日其女即還母家與鄰女作處間與其夫野合有身乃潛告其夫作欄以待生子始稱為婦

毒矢

射鼬捕蛇以合百草鍊時日作毒矢仰射飛走

透肌及骨百不失一

羅漢

貴火賊老染髮剃鬚喜作羅漢羅漢者思火之稱也

攻掠

凡有攻掠禱鬼祀衆乃推峒官把酒賜綠熊練鬣錦雉鵝氈綠熊辟塵錦雉善鬪欲其絕塵而鬪也練鬣臂衣也鵝氈戰服也厚給其家曰鎗頭錢攻峒刼猺報仇雪恥始有交鋒攻村則鬨風而遯占其田廬從老弱而居爲性極耐饑啖

塩数顆則凡草木皆可噉食狼兵至遁匿深箐絶嶠官兵追之徐行長嘯若蹇驢之逐飛兔也

獞婦行蠱

五月五日聚諸虫家之毒者并置器内自相呑食最後獨存者曰蠱有蛇蠱蜥蜴蠱蜣蜋蠱視食者久暫卜死者遲速蠱成先置食中味增百倍歸或数日或經年心腹絞痛而死家中之物皆潛移去䰟至其家爲之力役猶虎之役倀也其後夜出有光熠如曳彗是名飛蠱光積生影状如生人是名挑生影積生形能與人交是名

金蠶于是任意所之流毒鄉邑殺人多者蠱益靈家益冨恭冨昭賀蠱術公行峒官提陀潛淂知其狀令巫作法厭之取婦埋地中出其首澆蠟燃之以召冤魂〻不為附獞婦代鬼逐罵乃死否則不能置之法也鮑明遠詩吹蠱痛行暉蓋飛蠱也按周禮土訓掌道地圖道地慝疏云地慝蠱事人所為也周禮荆揚不入職方王制南不盡衡山則西北亦有蠱实國語曰宵靜女德以伏蠱慝謂女惑男如蠱使人形神喪精魂為其所損也張衡思玄賦咸姣麗以蠱媚兮

增嫮眼而娥眉則房中亦有蠱矣何必鴂舌雕題騷人羈旅始為惑哉

天姬破蠱

凡中蠱者顏色反美于常天姬望之而笑必須叩頭吃藥出一丸啖之立吐奇怪或人頭蛇身或八足六翼如蝌蚪子斬之不斷焚之不燃用白礬澆之立死否則籌時復還其家予久客其中習知其方用三七末荸薺為丸又用白礬及細茶分為末每服五錢泉水調下得吐則止按古方取白蘘荷服其汁併卧其根呼蠱者姓名

則其功緩也

大良

與獞同類而性稍異有户口版籍較民更淳喜輸租稅人至其家不問識否輙具牲醴飲啖久敬不衰同類有無相資一無所吝多為獞人占殺散處城郭為人灌園

犵人

犵人山田瘠埆十歲九饑纖仇必報隳突漢界攻剽村落或誤殺人則以牛畜為償曰人頭錢

獠人

獠人

獠俗畧與獞同而嗜殺尤甚居無酋長深山窮谷積木以居名曰干欄射生為活襍食虫象

郎火提陀

山中推最有力者役屬之名曰郎火餘止曰火最下者曰提陀

羅漢楼

以巨木一株埋地作獨脚楼高百尺燒五色瓦覆之望之若錦鱗然板男子歌唱飲噉 夜歸緣宿

其上以此自豪

祭梟

獠人相鬭殺得美鬚髯者則剜其面籠之以竹鼓行而祭竸以徼福

蚳醢

山間得大蟻卵如斗者用以為醬甚貴之按內則蝦脩蚳醢即此

蜜唧

取鼠胎未瞬未毛通身赤蠕者淹以蜜房飣之盤中躡之而行夾而囓之唧然有聲朝盤見蜜

卿亘桃聞鵂鶹子瞻常云

蝸牛膾

山中有蝸殼可容升者以米水去涎竹刀膾之角大如指甘脆去積解毒予東粵亦食之鮮有如其大者

無頭鮓

山中有物形如蠶蛹無頭蛎頭獠人得為鮓食之令人不寒昔陶璜守九真築城得一大者長十九丈二十圍無頭蠢動割其肉如猪肪為𦢊甚香美璜食之三軍皆食又名地蠶

卜歲

歲首郎大以土杯十二貯水按辰布列禱之經夕啓示有月水則其月不旱

捶𦐈春

山獺骨能續骨解箭毒用爲丸勝海狗腎一枚十金私貨出界者斬獺性最淫凡物皆交交至一兩日不休有獺則諸獺悉避獺無偶獠女採藥歌獺聞氣即躍抱其身遂扼殺之驗之法令婦人擦手一呵取置掌上骨喜跳舞否則㲉𩦃胎之贗耳

小山堂鈔本

龍塩

龍塩龍生二卵一為吉弔上岸與鹿交精遺草木結成蒲桃號曰紫綃花美人採之用于帷箔勝挿翅春矣

飛頭

飛頭獠頭將飛先一日頭有痕匝如紅線及夜狀如病頭忽飛去須臾飛還其腹似寔其覺如夢雖獠不知也予嘗入石袉山澗中見二頭一食蠏一食蚓見人驚起食蚓者尚啣蚓而飛長尺許雙耳習之如飛鳥之使翼也獠俗賤之不

與婚嫁歡絶其類予按占城有尸頭蠻夲婦人目無瞳子飛頭食童子糞〻盡童子輙死婦目益明堪與此獠為婚一笑

鼻夷

鼻夷獠俗鼻如壺鉤隅目好殺深明水脉采猿臂鰋牙為簜吹作龍聲閙市塩與之酒鼻飲輙盡

白棍

白棍獠人采白木為棍寢處不離用之但聞風聲形影雙滅觀之勝公孫舞劍

狄人

狄人亦獠類嗜殺過于獠父子有隙狺狺反噬殺父則疾走涡一犬謝母々亦不恨

狪人

狪亦獠類不喜殺善音樂彈胡琴吹六管長六歌閉目頓首摇足為混沌舞獠之有狪猶獞之有大良也

班衣山子

山子散處横州震龍六磨諸山無版籍室居鑿山燒畬射生輕死夫婦交構揷青路衢以斷行

跡不知誤入即張弩射之㹀精入地是生短狐

善撫之能以夷人出没之情告也

烏蠻國

烏蠻古損子產國即烏滸蠻也生首子輒觧而食之曰宜弟味旨則献其君君喜而賞其婦妻美則讓其兄兄樂而宜其弟其中有灘爲即今之烏蠻灘也漢建武間除其國遂散處山谷其風不改又十里有海棠橋有秦少游筆蹟

西原蠻

邕柳西宜融接畛唐黄洞蠻黄卿其產也

小山堂鈔本

廣原蠻

邕州西南隅儂智高廣原酋也二蠻聚落甚衆左右江漢之外羈縻州峒皆其地也狄青平智高之後儂氏之良者得賜宋姓今姓趙者是其苗裔

苗

苗自一類其女善為漢音摻楚歌挂釵留客能為鸜鵒舞生女則還母家曰一女來一女往

巴人

懷遠石嶂臨溪陰風慘人猶聞鬼哭昔武侯立

立營于此㞐今曰枕石者去枕草者留中夜撤營遺種　在尚能操巴音而歌嗚嗚

蛋人

蛋人神宮西蛇以祭自云龍種浮家泛宅或住水滸或住水欄捕魚而食不事耕種不許土人通婚能辨水色知龍所在自稱龍神人籍稱龍户莫登庸無産也

馬人

馬人本林邑蠻深目猳鼻散居峒落獻歲一至軍府聽令不與猺獞同群昌黎詩衙時龍户集

日上馬人来僉曰伏波遺種也

卭娘

邕宜以西有野女焉處于石洞含靈抱一白皙皦好百歲外容髮差黃乃下山採藥補益之椎結裸跣皮若犢鼻垂腰蓋膝群雌無雄遇男子輒負去傾洞求合驚死者掩之生者復還故處洩其真壽至百歲若盜小兒必至其家瞯之群罵呪咀則夾而還之緣岸走屋其捷如飛誤墮網罟以手護腰而死腹有王印文類符璽唐蒙博物志曰南有野女群行不見夫其狀皛且白

裸裎無衣襦

木客

木客形如小兒予在恭城見之行坐衣服不異于人出示作器工過于人好為近時詩無烟火塵俗氣自秦時造阿房宮采木因以流寓于此予嘗見其賦細雨詩云劍閣鈴逾動長門鐙更深又云何處殘春在和花落古宮按唐詩酒盡君莫沽壺乾我當發城市多囂塵還山弄明月木客所作也蘇長公云山中木客解吟詩即此按誌載虔州雒山有木客鬼其義未詳閒縈山

山之巔有怪物爲木客方飲酒歌吹樂甚忽見一人長二丈有奇面濶三尺髮鬚鳥喙皆有肉翼俯視樂器嘻々而笑垂舌至地木客大驚欲走不動其人温語之曰儂非傷人能察歌舞木客神定歌舞復作其人撫掌大笑聲振林樾垂舌嗒々而去

小山堂鈔本

山川論畧

予窮歷九郡南盡衡山然後知先王封建之道之大也夫先王建國必因山川審遠近辨物則以左右民故建瓴之勢立臂指之義順勢立而内强義順而外服霸王之業可成也若悉劉兩江東包廉欽潯鬱以北盡乎宜柳之境屬之南寧使自為牧鎮則兩江溪峒可馳尺版而服即用兩江之兵南畧交趾優有餘裕矣此所謂指臂之義也若夫桂林故衡湘址也天文分野上屬翼軫九疑蒼梧之山形勢曼衍首起衡岳腹

盤八桂而尾達乎蒼梧湘灕二水分繞其下桂林據其上游若北極然衡永郎道桂柳諸郡綴附廣西并故轄桂昭三郡其封畧固已偏矣此所謂建瓴之勢也况荆吴地遠行部使者病不能徧沅湘數郡嶽諭兵以給廣西猶之不屬之屬也予說知屬狂僭語云蜀蕘之言明者擇爲

山川

崇山

崇山有驩兜故宫四十里即至越裳杉谷起古崇山竹溪從道明國來于崇山北二十五里合水歕鈌藤竹明媚有三十峯夫水直上千餘仞諸仙之窟宅也

石人山

石人山下桃藤水三兩對坐舉止興會丰姿朗然招之不來始知其為石也

鬼門關

關在北流西十里兩峯對峙中成關門諺云鬼門關十人去九不還日暮黑雲𩅰合陰風蕭條蒼梧啼而鬼鑠合天雞啼而蛇霧開唐宋詩人謫向此而死者踵相接也行數人武有一大石甕中有骷髏骨五色腸皆石乳凝化予大書四字其上詩人鮓甕見者毛骨森森黄山谷人鮓甕中危藥死鬼門關外更千岑沈佺期昔傳瘴江路今到鬼門關此地無人老遷流幾客還

崑崙關

狄武襄上元夜奪崑崙關破智高關扼賓邕兩

界水于此南北分岐嶺隘仄若通諸夷若據閒

須防閒道

粤西入安南國三路

一由憑祥州出鎮南關至交渊州一由明州入

丘温州過摩天嶺一日至思陵州一由龍州入

一日至平西隘

容州三洞天

都嶠太上寶玉洞天白石秀落長真洞天勾漏

玉闕寶圭洞天

七究

南方山溪閒謂之究有古西郎究金山郎究越究九德究南陵究文郎究無窮究金雞究

二壺城

戕歌滙龍融二江過柳州環繞如壺謂之壺城水既北来還轉向北城則居其腹也所謂江流曲似九迴腸太平亦有壺城北曰壺関水形不異但差小耳太平則五石之壺城龍則長房之壺也

蘭麻道

自理定西行蘭麻烏沭峯峯剌天僅容足又極

小山堂鈔本

險隘無閒道每過嶺摩天直上至絕頂又懸空而下連綿不窮聞之飛雲九折尚能服牛乘馬方之蔑如矣

勾漏洞

勾漏在地上不煩登涉外敞豁内幽邃暗溪穿貫與北流水合乘桴而遊水清無底潆洄曲折與石爭奇仰見大星炯然審視乃石穿一孔透天光入依〻女貫月槎洞對高崖飛鳥襝翼靈境罕秘夏閒荷葉田〻若見荷巖必大稔

立魚岩

岩在柳城西南數里許山小而鋭似魚怒升之狀腹間有洞石分紅白二色若珊瑚枝架白玉樓

李白岩

岩在藤縣高五十餘丈中多翡翠白猿澤芝芳杜有天然琴下激流水白流桓郎嘗憇于此

何侯山

何侯山在蒼梧堯時有何侯隱此夏禹時五帝賜藥器一函拔宅上昇今為太極真人

火山

小山堂鈔本

蒼梧火山聞南武趙陀埋神劍于此又云下有寶珠月星皎潔冷光燭天如峨眉落伽南岳聖燈之狀其在泰山謂之仙燈羅浮謂之珠燈崇善白雲洞謂之佛燈隆安火焰泉夏則有光謂之龍燈居山謂之蛟燈予所見尚多不能盡述要之酈道元云火山似山從地中出謂之焰臺其說似長對山為氷井寺

銀殿山

銀殿山在昭州恭城與九疑相望山皆白石四隅生白石筍其高觸天浮雲繞之狀如宫闕對

巃曰金芝岩金堂紫房自出

陽朔道山諸峯

陽朔道山諸峯如笋出地各不相倚三峯九疑折城天柱者数十里如楼通天如闕刺骨修竿如高旗如人怒如齒嚙如陣將合如戰將潰灘江荔水繪織其下蛇黿猿鶴焯燿萬態退之云水作青羅帶山為碧玉簪子厚云海上千山似劍鋩秋山来處ゝ割愁腸子瞻云繁悶豈無羅水割愁還有劍鋩山魯直云桂嶺环城如雁宕蒼山平地忽嵯峨皆寔錄也

小山堂鈔本

七百里松陰古道

自桂城北至今七百里皆長松夾道秦時置郡所植火攉折歷代必補益之龍拏鳳跱四時風雲月露任景補怪色〻不同予行十日抵興安至今夢魂時〻見之

獨秀山

獨秀山狀如黻冕有王公貴人之象顏延之出守讀書其中有五詠堂西有雪洞乳石最奇下臨月牙池山翠盡落今入靖王邸中飛樓舞閣隱出樹杪金碧華蟲絢爛極矣對之如一幅小

李山水圖麗而不俗

疊翠山西清寶積山附

桂城北重門夾山東曰疊翠西曰西清狀如石城山山麓曰壽聖寺後有穴自然生風丹陸赫而含涷鳥鳶墮而清暑名曰風洞風洞左折曰疊翠洞奇石堆垛爍若瓔珉其後則堯山蔽天前毗灕水鬬雞白雉巨象橐蛇若駝經聽法之狀其左一峯曰平越右一峯曰四望浮雲掩日月長江亘終古水落瀟湘孤寥長邁北人至此多軫鄉情元常特搆齋雲亭其上志思也予旅

小山堂鈔本

遊寡情鄉思已絶笑讀書亭記謂未必尔有頃見獨秀山金碧輝煌溪境歷〻憶去年殘臘與喬生宋玉同凭一几看小李將軍畫宛然在目作詩寄之朗吟之間不覺落淚喟然嘆曰古之人不予欺也于是循嶺而下游混沌岩明月已舉見蟾鶴于平越諸峯石紋橫布純為紫黛真巨靈之鴻彩也徐步過華景洞入岩光亭〻後雉堞四垂磊岢多石篆曰西清寶積山闌秦城角聲而返時亱將半

榕城門

榕城門古桂州南門唐時所築上有榕樹一枝而根苞纏軌礦跨門而生車馬轔轔皆從樹根而出至正間忽枯平章唐元公之復生

桂林三嶠

臺城之嶠在大庾騎田之嶠在桂陽都龐之嶠在九真萌渚之嶠在臨賀越城之嶠在始安是嶺有五而桂林擅其三焉按騎田接郴州今名黄岑山或名黄箱山也其支峯楚越分界萌渚即桂在富川北與楚江華為界水南北分流其山産錫又名錫方在城中者乃西清寶積山也

誌載誤越城在湘二源間今名分水嶺

華岩洞

華岩洞在靈川西南二十里高数十丈顯敞寡儔香泉縈繞世傳常有桃花片闊寸許從洞中流出壁上仙人詩云岩前流水無人渡洞口碧桃花正開東望蓬莱三萬里等閒歸去等閒来

屏風山

嵏岩劃天拔地峭立無樵樹彌望皆長松岩中十餘丈隆起如層臺側有緑石高二丈形如覆鍾水滴乳鳴噬嗒不絶躡石磴五十盤出通明

門山川城郭歷歷在目其下為壺天觀

秦城

秦始皇發卒戍五嶺地為秦城城北二十里有嚴關鳥道不可方軌秦取桂林象郡兵勒湘南搤其咽喉臨瀜灕二水間去桂城八十里

寶圭洞

寶圭洞即句漏巨洞石室中玉宸道君及葛真人石象五季時迎至南海寶圭在石室東秉燭而入有丹竈牀几盤甕碾臼詭形怪狀神摹鬼刻約半里至水涯循梯陞下棹小舠以行波光

澄明蒸靄温暝四時皆春舉首見金光如長虹亘天表乃鏤透日影而下捨舟躡梯攀蘿直上曲磴飛棧如瑶堦玉埒小石細碎羅列如杯如斝又如楊梅荔枝充滿揲疊莫可名狀轉仄僅容跬步直穿太陰洞後出山腹則寶圭洞之東洞中室曰蟠桃廣三四百步仰觀高處不見其頂西小室洞有自然石榻可眠與東洞對正如两腋

水月洞

水月東距句漏三十里骨格嶔嶔至冄月下則

石體愈瘦峯稜愈峭西北清澗潛洄曲折跨野
橋渡澗入洞虛明奥塏可坐數百人乳溜凝懸
清湍互激若海若献琛珠明珠巨貝錯出于驚
濤怒浪中右折秉炬入洞水石益怪削為芙蓉
伸為仙掌滴為盤立為柱爰有神鉦懸如滿月
擊其兩面作雌雄聲石坎通洞以火燭之群魚
皆舞攀若鑿空出西南左折一峯峭豎洞在其
腹是名天馬々蹄踏石入寸許不計其數天馬
西行度兩峯抵鈞天洞々出山半石廉利不堪
正步手援足從至一小潭越潭至洞洞枕潭水

小山堂鈔本

有石如頹雲垂〻下叩之若考鍾又有懸磬戛戛如哀玉洞下有洞叩之鞺鞳有聲復陟上洞軒豁敞朗天光入為其廣可列數筵令人下洞伐鼓鍾聲滿天地仙〻乎如坐九霄聆鈞天之奏

七星棲霞洞

洞口懸空如碧玉壺非圓非方如日落波心動盪成質從洞口入石索懸錦鯉魚挂于雲半左有石樓唐祀玄元于此乾寧中臨賀令鄭冠卿来遊遇二客飲酒奏與之笛不能聲臨别謂冠

卿曰方今四海關爭群雄角立重斂贍兵盖亦天数王喬許遜之徒皆臨官即升道果子其勉之出語負驀曰碧空之樂女知之乎乃曰華月華君也畦歩失所在後門為玄風洞洞内一灣流水莫知所去来上跨石橋中有石蓮鬚瓣畢具襲之微香半開半落于其中過此飛炬不矚次龍潭次仙人拳衣次鳴球次鳳翔次石田壤塍歷〻廣二畝許其康莊坦途者約六七里其險仄不能通人者竅洞庭通九疑靈怪不可致詰

玄巖

南漢之陰桃新泉幽野田園樸犬疑非人世中有大石屋俯臨清漪仰弄白石真奇觀也其中一洞九室西南曰白龍西北曰玄岩夕陽千峯桂水一碧玄岩之上曰丹室白龍之右曰夕室龍洞仙窟仙室又北曰石室九洞谽谺乳脂凝注一俯一仰如傘如華如栾櫨支撑如蓮幕藻井左顧右盼似簾似幰似偃松欹竹似海盪魚鷩中有玉池玄井唐李渤玉池若無水玄井昏不測山之陽曰劉仙岩

翫珠洞

伏波山東枕灕水盤逼鑽注驪龍穴爲洞名翫珠高数百丈狀若游柱去地一線不合聞昔有神人名揭諦者試劍于此下産玉樹似珊瑚而白慶元中朱晞顔獲一小枝價值千金刻石識之其上有米元章高宗贊

劉仙岩

岩下有大道觀草穢不治多怪狐門松衢謖〻作波濤聲觀後上岩飛磴嶕嶢苔滑如脂猱步猱攀抵崖〻上大書太空子隱居處宋李師中

筆也中多真人口訣飛湍界絶斑剥如赤文緑字險不可讀左折有岩曰穿雲由穿雲入劉仙岩幽石玲瓏螭連蜃結耳目一開夫枕清漪玩芳芷花猶地植鳥似家禽則劉仙不如九洞横目四眺一平若水千峯刺天如笋出地又九洞之所無也傍曰通明閣懸岩架橿險豈毛髮見一道者偶目髽髯與之語瞪而頤愕而歔憧如麋麀弗接也袖中見指爪鋒鑚似来攖人予火避之郎凌崖而飛若彈丸之驚栖鶻耳噫豈若士汗漫之流與

雉山岩

雉岩枕離水石磴盤虛上梯禪室右折重岩襲石空翠濕人雨花凌屐中有石穴扃錮不開云白雉闢經化人仙言遺蜕在焉中搆小亭顏曰雉岩劉晞之筆也由亭左入青蘿閣環窓奇石簇簇逼人上浮雙石如大鳥翼摶扶搖而上者乃所謂雉岩也

灘山

陽江西注東滙灘水南皐一山形如巨象中流負贔力抵狂瀾有北拓伏波南引關雞白雉㠠

駝并力行江之勢鼻中巨孔白如截舫日月東西跳丸而上名曰水月洞

虞山帝祠

虞山秦松夾道有駕蒼亂翼紫鳳乘龍南巡之勢其制度外朝内寢配以二妃其儀物主鬯衣冠劍佩三十九有助贊幘衣一十有六籩豆簠簋彝禹洗鐏斝盉爵卣幡鼓組琵七十有七廟後有洞曰韶音見招隱山魚泛鳥瀾若握鏡之望方壺也外有巨石西臨黃潭宗之間詩在爲祠左有南薰亭灕江諸勝目可攬結庾闌温子

升張子壽之文李陽氷之篆趙文之隸藻飾帝獻爲諸山之冠

龍隐山

龍隐七星玄彈丸一水有神龍擘空而去蹤跡天矯裂石百尋緣洞入岩如排高闕題曰龍騰有滴玉泉聽之琮琤神魂俱爽有岩曰月牙濯魄漣漪皦如初月上有環翠亭驂鸞閣雨花臺靈怪出而游觀舟車湊而雕鏤繁宋世衣冠填委極矣

堯山

小山堂鈔本

堯山積土聚石高数百丈為桂之冠天將雨白雲先兆昔舜南巡祀堯于此土人因而立祠極其貽格爰有天田以昭祀典爰有靈鳥應樂則鳴其上為白鹿洞漢書始安侯國其下東有駭樂山遼山遼即堯山駭鹿即白鹿

辰山

辰山一名虎山三巖疊起頗類中隱下巖初入昏黑十餘武見大光明城闕歷〻岩左飛磴百盤乃至中岩乳石詭怪駭歎錯愕重經石閣乃至上岩〻上有亭遊目八表若夾日月而行令

人有箕山之志忽見苔蘚中有数行滅沒乃知有宋高士劉睎家烏與桂帥李大異為布衣交表其巖曰蟄龍云

清秀山

從西清下濠入夾口里許有塘清巖出其上桂山皆孤峭些獨連湊水上㑀巖東西對闕北郭諸山近在東洹陽江一水光透巖隙披巖赴壑其流汨隱過此水漸緩山漸深

中隱山

中隱三岩一名佛子岩小溪隔絕如蓬莱清淺

陂衣而渡下岩邃邃如巨室中岩東削瑩潔無纖埃上岩横絶霄半白日可中看同返照東林磬聲徹氷閩外國聖僧禪定于此

穿山

閩雞水口即彈丸灘水處山形如橐駝竦身昂首與雉山西對首上有穴南北横貫鐫曰空明山宋人胡槻題曰月岩

琴潭山

琴潭山在西郊関外下有空洞洞皆流水觸石成聲如聞雅奏旁有荔枝岩窅然深秀多奇石

宋之問詩荔浦蘅皐蓋謂此也

遊桂林招隱山小記

自西湖至招隱山二里山光水碧石門劍立矍然若神物持之西折北牖洞綺窗串玉下則岩水潑墨巨魚金鬣朱鬐北壁有穴如門為金龜潭〻盡芰荷外為濛溪橫五里逕二百里今皆灌為田矣東南轉嶺石林夾聳至朝陽洞洞口直下二十步有水傍浸潭則南望玉乳如飛燕擁雪南陟飛梯四十級得石堂乳穗幷垂戛〻錚〻哀玉自堂北出西入小峽得內洞東有石

小山堂鈔本

室如畫頂上方井華蟲綺藻自洞南下仰矚東崖小樓淩石人如舞閣妖姬搴楯窺客自樓閣升下次蛟渠〻跨石梁長三百步非列炬弗進南抵絶壁飛梯九盤及水是為玄潭下有石閣綴以危檻景落潛罔群龍 吸自石閣還上絶壁四十步浮小洞倭行三十步左右鍾乳朗然映人有穴通嘉蓮洞從洞出六十步有石室多白蝙蝠又比上外洞壁有石其 砥平有白石琴薦可撫清絃東有便房節梲桁櫨凹樽曲几鬼工之追琢也北七步臨西石門至夕陽洞深

九丈許崖北有道可以專車崖南有水可以鏡魚自南北崖下毗南潛北潛二洞有連理松連理橋偃蓋栢玲瓏鐵幹連卷怪石香臺梵刹皆從枝葉間出自西洞口去一矢滘南華洞西有石可容數榻東有清泉又一矢滘白崔洞〻口隘狹摩臍擦耳側身通人北上山頂盤曲五百步硉兀奇聳靈谷峙于南　松蘿萃于西北

其水自嘉蓮經白崔歷朝陽浸北牖出于南華而入于湖又一派自濛溪源北牖之北出于北山南滙南華而入于湖其六洞小篆皆唐

李渤所書然兹山雖奇著勝在水宋人濬之爲田乾道張巖猷作斗門閘之作復西湖記嘉靖中復濬爲田噫負郭有田而豪傑無奮庸矣

水

灕水一名桂江南注平縣出梧州陽朔而下龍門而上屬平樂府者俗名府江左江發交趾經麗江朗横貴東出尋州右江自牂牁入粤逕馱柳烏泥西来注之又經象武合左江千潯合灕于梧而東入于海

按地形左宜爲右右宜爲左夫粤處南陬之

者皆從東粤或下灘水遡流直上從溯流者分
左右不從地形分左右也
又南亦有左右江左出廣流右出娥利會于合
江鎮入横州是左江之中又有左右江也重複
不易辨余謂出廣源者古夜郎豚水也古名鬱
江右出娥利者古交濛泓水也古名黔江南寧
二江

牂柯

牂柯擊船杙也頃襄王遣莊蹻伐夜郎至蘭椓
船于岸趦亟滅夜郎名之以著奇績牂柯戕戕

小山堂鈔本

皆同

烏泥

烏泥多出盤江多伏流或落潨數百丈飛濤走浪十數里夾沙土混混如黃河

查浦

晉咸元中有靈查來泊灘上黑如純漆堅如瓊玖非皇娥所乘即張騫所泛浩刼以前物也上有浮查館唐宋詞人多題詠

湘水

湘水之出陽朔則觴之為舟至洞庭則日月若

出入于其中也

靈渠

靈渠自北而南三十二陡縣灘通銅鼓水自東徂西入永福六陡冬月涸絶不行尋過陡時水長月明如層臺叠壁從天而下

陽塘

漩桂皆水也灕江陽江彈丸西湖白竹躔城郭西日城姑未暇論即城中揭諦梓潼華景西清色色入品惟陽塘最勝陽塘東西横貫中東以橋東曰杉湖西曰蓮塘征蛮幕洞府鎮守舊司南

小山堂鈔本

北相望演漾各數百畝臨水家人粉牆朱榭相錯如繡茂林缺處隱見旌旗西枕城闉陽水入爲予先一日憶吾家花田遊舸有詩云芙蓉葉爛不還鄉五月玄岩尚怯霜夢入花田看越女手擎丹荔倚斜陽及遊陽塘風開翠扇水泛紅衣杜若芳洲不減花田珠海紅渠白芷不減丹荔素馨紈綺王孫不減三城使火祠郎佳句不減水部風流金谷佳人不減海濵素女至如玉山紫黛金削芙蓉倒蘸氷壺天光上下則吾家之所無也昔人謂楚南山川造化以慰夫賢而

辱于此者乎雖非其人而所慰豈多于人觀其所慰而天地之情見矣

小山堂鈔本

井泉

犀泉

犀泉出富川縣坎涂丈許長四丈横可八尺緑蘿紫藤蒙結坎上觀者呼之應即出須臾盈科

娑娑泉

娑婆泉出思恩縣形如玉白潔似清冰飲者呼之消渴則止一人千人亦復如是

漱玉泉

漱玉泉出白石洞天每鐘鼓動則踴躍而来聲歇隨縮三泉靈異可與壽州咄亭茅山嘉客泉

撫掌泉無為州笑泉並入靈品

綠珠井

綠珠井在白州雙角山下有七孔是多刺吸此水者誕女必麗今以巨石塞其一孔女絕麗損一竅綠珠梁姓石崇為交趾採訪使以珍珠三斛致之善吹笛傳至弟子宋禕後入宋明帝宮梁氏為白州望族立祠春秋祭之笛譜猶存予謁祠淂借披覽予說諸父老曰綠珠不負季倫公等立祠表章高節宜開復舊井幼女何罪毋自苦父老然之即日從舊後之佳人倘有識于

予言

楊妃井

楊妃井最冷洌飲之美姿容下多香草在容州雲凌里妃名玉妃字玉環號太真母葉氏孕十三月而生都督步署楊康求為女才貌雙絶楊玄琰為長史以勢求之攜至京師選入壽邸時年十四明皇召見賜西皇母服色入宮西望瑶池降王母蓋諷之云

小山堂鈔本

鳥獸蟲魚

邕州鳳

南漢時邕州有六鳳皇高五尺金冠五彩飛入城中衆鳥朝之文若布錦其鳴節〻足辟道衡文足〻懷仁般〻擾義般〻麒麟足狀二語之奇亦文筆之鳴鳳也

白州鳳

宋景德白州有三鳳南來飛入城中群鳥隨之身長九尺高五尺備五彩冠金杯至萬壽寺栖于百尺木龍樹上自舞音中笙簧

綠含鳳

悖白遠村號綠含高山大樹人跡罕至〻斗米一二錢其山多鳳有高三尺者冠彩與白州同其飛衆鳥皆隨常栖高樹之巔晴明則雙飛而出又有大如鵞者五色金冠尾甚長羽聲嘵〻響若轉輪諸鳥見之斂翼俯首伏不敢鳴俗名大頭鳳間為猺獞所射猷其南備衆美緝毛成裘涅而不滓紫鳳之庖不必皆沃民之國也

宜州鳳

至正間宜州述昆鄉鳳皇見群鳥蔽天其一飛

去為獞人射殺嗚呼阨麟有西狩之獲元緒有枯桑之嗟白龍有魚服之慼物益靈而數益竒矣可柰何

兩江鳴鳳

鳴鳳如孔雀紺碧頭上彩毫光逾掣電冠上垂二弱骨長一尺五寸鳴聲清越如簫笙能變曲妙合宮商西溪洞中間出之予謂綵禽即紫鸑鳴鳳青鳥也鳳凰出于丹穴豈不信然

孝鷯

唐武德宣撫使得秦吉了能歌舞者上之嵗餘

不語上怪而問之荅曰身居南土生長甕中父母殊方有懷綿默上憐之賜金環令使者送還北婦舊已死鶴已所賜殉鄉人感爲爲之立塚〻在藤縣

鵁

邕州朝天鋪及山深處有之其種有二一大如鵶黑身赤目一大如鶂毛紫緑色頸長七八寸雄曰連目雌曰陰諧聲如鞨鼓遇毒蛇則鳴聲邪〻蛇石穴禹步作法石裂蛇出秋冬間觧羽蟄穴薰之出走應弦而斃以義甲取膽着銀瓶

否則指斷鵂死矣着人立死鵂羽檪酒犀角立
解鵂穴多犀天地所以多殺檪也

鶬鸆

鶬鸆不祥鳥也似鵬而散尾聲最哀帝嚳書曰
逆鶬尔雅曰鶬麋鵃啼苦泣血如杜鵑予在見
門閔見者一身九尾聞之九首者雄鶬猶䲺之
九首者雄䲺也俗名鬼車予貪看此鳥人爭危
為不祥予謂此鳥不産南中天氣自北而南諸
君所謂不祥者安知非福

王母

王母若練雀青色尾最長有錢如孔雀猺中有王母裘織成錢　予意以為西王母所服雲鞞娘笑曰君不聞子規夜啼山竹裂王母晝下雲旗翻耶

天雞

天雞朱冠錦尾其飛也翔弄晴對舞天雞鳴而潮雞鳴潮雞鳴而家雞鳴謝康樂天雞弄和風得之矣

鷫鸘

林邑有鳥其飛肅〻必兆隕霜織而為裘可以

御冬人不知其名予謂即古鷫鸘也

北鶴

上不向明巢必拱北其聲圓吭百變不窮吴時越嶲獻背明鳥即此

鉤鵅

鉤鵅不祥鳥也形質短小聲如冷笑入城〻空入宅〻滅闔之速避否則死亡

深掘

猫首鳥啄似鵂鶹而大放聲而哭〻畢曰深掘深掘意賈生所謂鵩也

訓胡

訓胡惡鳥也鳴則後竅應之

山都

山都形如崑崙青毛有尾見人閉目張口如笑好在深澗中翻石覓蟹食之

猩猩

人面猿身最機警通八方言學蟲鳥語無不曲肖聲如二八女子啼最清越嗜酒好屐虞人以此誘之予在綠鴉山見之群相語曰客必東人也躋躍視予適有蘇酒一匏包酒少許召而飲

之四者齊下未飲先謝既飲輒醉知予之無機也予徘徊恐為後人所害忽古木間一隻飛下嵩然相謂曰上客過勞見當負之而去耳禮曰猩猩能言不離走獸予終敢以為信

篤篤

篤篤梟羊也見人則握手而笑然後食之人因以竹筒貫臂始與之握握則必笑之笑則上唇掩目曲臂以鑿綴其唇于額而殺之吳都賦云猩猩啼而就擒篤篤笑而被格

狒狒

狒〻狀如猴力舉百鈞人言鳥音能知死笑如鴛〻上吻掩額血乃染緋髲鬄髮飲其血能見鬼物

茶背

茶背出羈縻州似鹿兩頭食香草其行如飛鳴曰葵茂葵茂茶背二字音蔡瞥也尒五六頭者是名玄仙敬之終去射之悔亡

子路

熊名子路穴居穴有神人冬蟄春啓飛有時則主見鐵則合穴死食鹽亦死其膽春在首夏

在腹秋在左冬在右足前曰掌後曰蹯黑而銳喙去穴五百里壘石為館名曰熊館升木引氣名曰熊經獞人呼之子路出即出子路關即闗閩有緑者猓獞去為駿馬障泥塵不敢揚威攝虎豹一尺百金其牝曰羆力能拔樹指甲鋒鑽披髮人主遇虎豹樵牧皆抗其喉捏血飲之其胸白脂名曰羆白味過熊掌

懶婦

懶婦似豪豬而小好食黍二田畯以機杼織紝懸于田塍望之而走齒長入海化為巨魚其名

奔鱘其狀蛟鰅雙乳垂腹取以煎油其膏百斛澆蠟作燭取以飲酒紫焰生花令人發興取以讀書必至昏眛眠墨必至黑恬作詩自嘲曰丁年誤買奔鱘燭丙夜誰傳太史書

糖牛

糖牛與毒蛇同穴嗜鹽土人以蛇　手裹鹽探之角若瓊玫用以為角甲鶴箭蛇鐐如涼雨之洒荷葉

白貘

貘生銅坑中象鼻犀目牛尾虎足食銅鐵不茹

他物衣其皮殺思精鍊糞為兵可以切玉積溺
為水可以消錢有十頭者謂之白貘蜀都賦戟
食鉄之獸射噬毒之鹿則指貊也貊似熊與貘
不同

肉翅虎

肉翅虎出石抱山晨伏宵出其飛也覺嚮向鬼
門關食人為獞人射殺予淂見之比虎差小翅
如蝙蝠閃之如陰燐身虎衣文飾其皮以辟百
鬼

禍斗

禍斗似犬而食犬糞噴火作殃不祥之獸

麝

麝食香草至冬香滿入春則臍急悶跳躍剔出之香着百草皆枯佳人採芳拾以相贈馨香盈袖經年不消今之爲麝者生而割之天香未藴臍穢尚腥諂以酥酪和以百草微香差見失其性矣嗚呼生售而失其性豈獨一麝哉

象

象耳濺其大如掌行動鼓舞目常帶笑有歡悦發揚之意狀似犀而角小居草莽而知吉凶生

于西粤東曰菀犀西曰猪神遇之則吉罔敢有害

馴龍

岩狀之下有馴龍爲靚女欲見之盛飾入岩唱土歌龍出五色䎡灼馴習如素望之若山海圖中珥蛇者神也歌至絶倫龍喜躍盤入懷中遺鱗而去女即珍藏以爲獲神之貺鄰女畢賀筌簫雲合予逐隊往觀鱗大如錢光具衆色燁燁不定聞稍侮之則雷霆奪去輒羅殃咎越日予自太平至模村入岩怪石飛泉種種異狀中有

一洞從洞左轉深翠黝蒼持炬而入行二百步七折有穴內濶外狹冷氣襲人穴內嘯聲忽發裂如壓笛岩石振聳又覩女之所未聞也龍雖不見予而遺聲于予是龍終不忍以予不能唱浪花而棄予也

鯖

滕江鯖魚形象草鯇色青黑大者百餘觔取用釣筒其膽治目魚大膽小者上上魚大膽大者上中魚小膽大者中下漁者得魚詣縣親剖官稅其膽始敢出市私開者杖今售者皆以鯇膽

灌黄藤膏偽為之黄藤亦行血者醫辨之不精必見笑于魚目

白妾魚

白妾魚出大荒山深澗中一名姆妾腴若芙蕖膚如凝脂有天然肉結辮若垂雲長四尺五寸臍下有帶白光映人胡天星邀予作膾香脆甘美水陸無有方者諸峒聞之獲是魚盛禮來賀予瞷其所答皆不多其油止姤其他伴禮者熊掌虎皮麝香鵪鶉紛如也貴重如此楚詞魚鱗鱗兮滕予意者指此予賦詩云獨尋芳草過王

孫為膾銀絲出露盆湯煴玉环妃子淚樓殘金
谷綠珠魙淩波豈復覩徽步蜀劍終悲合報恩
誰識荆侯歸思苦不堪辮淚向朱門

印魚

印魚方額有印文類葉符鳴如鐘鈕長尺有五
寸巨魚將死以印封之予在龍在龍門灘愛其
神怪市而放之觳者勿識也

海蠻師

海蠻師魚身虎頭無鱗甲短脚利爪渾身豹文
長八九尺見人泣數行下蛋人網得輙復放之

潛州留

東粤曰潛牛西曰潛州留楚曰鯿鱅出淵與虎鬬角軟用水一湛堅則復鬬予在湘中見之柳子厚云桂江秋水見鯿鱅

鬼魚

鬼魚似鱷用以禱鬼尅敵人悞食之立死請巫呪之立生

忽雷

忽雷鱷魚也居溪渚中以尾鉤人而食之扶南王范尋有神術常于大雲山鑿池畜魚決獄有

罪者投之無罪之魚弗食也今其枯叢椽復生用作樂器極啁啾經云河有怪魚厥名為鱷其身已朽其齒三作

王虺

王虺江北曰虺江南曰蝮首大如臂背青腹赤有齒極毒囓人立死大招南有炎火蝮蛇蜒鰅鱅短狐王虺騫九頭者曰雄虺天問雄虺九首忽在不須囓人見之立死猶叔敖之兩頭蛇也予謂見者殺之亦成佳事吳都賦云雖有雄虺之九首將抗足以跳之

小山堂鈔本

短狐

短狐人所生也詩曰蜮書曰射工騷曰短狐班衣山子捭青銜弩裸體獸交遺降于草木嵐蒸瘴結盎然化生狐長三寸狀若黃熊口含毒弩巧伺人影胎性使然予南海有水弩蟲四月一日上弩八月一日卸弩亦能射人與此不同予遊六磨影入澗中為短狐所射毒中左足適欲朴殺有大蟾鼓腹蹁躍搤其喉而食之未幾痛入骨髓始如蟻卵乍如蜂房乍如盤渦乍如蛇菌一日一夜其變百出其大二寸闊過三寸則

死毒大如狐則死對時則死適走群醫命在呼吸邁然看蟾能食之必能制之適有八字丹蟾跳躍草際取向毒一吸支體立運毒口出涎滴石：爛視魄漸瘦如坐氷壺其口兩月方合閩鴛鴦鷺鷥皆能食之胸可止痛使我求之想爲枯魚所笑

赤蟻

赤蟻大如象渾身帶火刀力負萬鈞褋食虎豹蛇虫遺卵如斗山人取以為醬是名蚳醢見于周官

蚺蛇

蚺蛇尾有鉤口無齒其聲甚怪似猫非猫似虎非虎擊之則鳴猶龜爲灼之則鳴也九十丈者呑蟻六十丈者呑象三十丈至九丈者呑豺狼虎豹與鹿豕人呑之法以尾鉤卷定以氣衝死濡濕乃呑之畢懸于樹上絞至糜爛骨角皆從皮出望之若神龍蜕首云

拏龍部署蛇過三十丈者稱龍

爰緝婦裙以爲旗纛爰斬烏塩以斜鎗簇爰削葛藤以綯檻索金鳴則進旗卷則退口含酒糟

腰帶毒栔蛇長一丈旗手一人鎗手一人弩手五人金手二十人金手藤弩手牌鎗手盔旗手酒其勝也金振旗開鎗損弩發金手進藤主東也鎗手進盔主剥也旗手進酒主勞也旗手浮膽鎗手浮皮弩手浮脏金手浮肉其敗也鎗護旗退牌護鎗退藤護牌退蛇長十丈其數十之蛇長百丈其數百之予遊諸山見獵九蛇長九丈者有五長八丈者有三長十有一丈者有一天間一蛇吞象厥大何如間世而出土人亦不概見況吞蟻者乎若夫三周崑崙又吞蠛者之

海若也

蛇名

蛇一字名者青蛇赤蛇白蛇烏蛇青主神赤主火白主傷烏主藥其他曰藤曰蚺曰鱗曰蝮曰水曰縠二字名者曰率然危千水箭烏稍量人默稱烏肉膪目雞冠鼈腦人頭馬鬃箏籜葉花寸白水豹三字名者曰斡壁虎黄藤柟青標狎金角帯七寸錦遥樹客九蛇盤處皆在壬地

蚺無棄物

蚺蛇三膽一附于肝者止痛一水膽白漿止瀉

一膽隨肉擎其處則隨至名護身膽最佳䖍辟邪殺鬼佩之吉祥肉辟風寒皮過三十丈者曰龍一端千金波斯市之為鼓聲震百里

蝍蛆

蝍蛆一名蜈蚣狀水蝦小至一寸大至一丈其尾閃閃有光山中修蛇無故而死者彼斃也蛇腐化為蝍蛆猶螟蛉之呪子也儒書䕨蛇游霧而斃于蝍蛆

雜說

諸夷有學

永樂間擒黎季犛黎蒼置交州三司詔暴其罪有云以湯文不足法尚父不足師孟子為盜儒程朱為剽竊又云聖優三皇德高五帝禹稱三苗侮慢自賢其天性然也詔辭隆重必不輕假予遊諸夷中有摛文而宗淮南者有稱詩而薄少陵者有黜元白而請長吉者有談古今而鑿鑿者嗚呼禮失而求諸野矣

伏波銅鼓

伏波銅鼓深三尺許面經三尺五寸旁圍漸縮如腰形復微展而稍擴其口錦紋精古翡翠煥發鼓面環遶鼉黽十數昂首歆飛中受擊處平厚如鏡兩粤滇黔皆有之東粤則懸于南海神廟西粤則懸于制府廳事東粤二鼓高廣倍之雌雄互應夷俗賽神宴客時時擊之重貲求購多至千牛制度同而小過半者諸葛鼓也價差別矣

哭金祠

隋梁毗爲西寗刺史諸夷酋長以金餽毗引之

坐側痛哭相戒曰此物饑不可食寒不可衣汝等以此相滅不可勝數今將此来欲殺我耶亟反弗緩高風染俗聲稱至今州峒賽祠歌連谷應鳴呼啜貪泉如醴者安得起梁毗而哭之

青精飯

猺人社日以南天燭染飯競相餽遺名曰青精飯杜詩云豈無青精飯令我顏色好

蒟醬

蒟醬猺獞中家〻用之以蓽茇為主襍以香草味雖佳不足為異耳史記唐蒙風曉南越蒙食

蒟醬問所從来曰道西北牂牁吳都賦云蒟醬流味于番禺之鄉今問番禺無有知者惟出自牂牁故云流味也蓽茇吾家蛤蔞也師古注夲草注楊用修張奇辯之皆誤

桂林競渡

桂林競渡舟長十餘丈左右衣白數人右麾白旗左麾長袖為郎當舞中㧺古今名將各執利兵傍置弓弩遇仇敵不返兵勝則梟而懸之鐃歌令舞十年一大會五年一小會遇甲戌午為之有司不敢問

瘴母

瘴起時望之有氣一道上衝如柱少頃散漫下如黄霧空中如彈丸漸大如車輪四下擲人中之者為痞悶為風瀝為汗死人若伏地任其自擲則無恙

四瘴

春曰青草夏曰黄梅秋曰新禾冬曰黄茅皆從草木蓊勃日氣歊撇所成而青草黄茅為最毒春夏之交草長而青秋冬之交草衰而黄二時氣候不常蘊隆重衫臘月揮扇咄嗟呼吸冬夏

侯分桑中衛女上宮陳娥偷香竊玉笑其不死者幸而免

治瘴

炎方土脈踈地氣外泄人為常燠所熯膚裏不密而踈相感草木之氣通爲上脘悶鬱虛煩下體凝冷吐之不可下之不可用藥最難但宜溫中固下升降陰陽及灸中脘氣海三里或灸大指及第五指皆能止熱予試歷驗如用大柴胡湯及麻黄金沸草散青龍湯是膠柱鼓瑟也鮮不敗矣

瘂瘴

中瘴失語俗謂中草子移時血凝立死其法用針刺頭額及上唇仍以楮葉擦舌令出血徐以藥解其内

瘴中要訣

避危如避難冷暖隨時換少飲卯時酒莫喫申時飯

象交

象交于水擭樹葉蓋之其交如人見之則蕃遽起逐人人走須遶嶺或學鼠聲狗吠淂免其精

溢于水中如白脂可数斗取為膏藥最佳

雞匠

雞卜以雄雞雛執其兩足雞匠焚香禱所占畢殺之拔兩股骨淨洗用線束之以竹筳插束處使兩骨相背端執再視左骨為儂〻者我也右骨為人〻者事也視兩骨側所有細竅以小竹筳寸許徧插邪直偏正任其自然以定吉凶其法有十八變直而正近骨吉斜而曲遠骨凶漢元封二年平越得越巫適有祠禱之事令祠上帝祭百鬼用雞卜斯時方士如雲儒臣如

天子有命不昆命于元龜降用夷禮廷臣莫敢致諍意其術有大可觀者矣

卵卜

卵卜者握卵祝之書墨于殻記其四維煑截視當墨處辨殻中厚薄定吉凶獞人卜葬請雞匠祝神以卵投地不破者吉

青蛇使者

三界廟一名青蛇廟廟有小蛇背緑腹赤穴神衣袖饗人飲食或以手接戳之甚馴倘有虔誓愆期家數百里蛇輒至索願其家為蛇掛紅刺

日酬之呼曰青蛇使者云按三界姓許平南人采樵得一衣輕如一葉上下無縫帶幽有回字能占風雨知來物播術聚衆弘治中制府遣至覆以洪鍾環以積薪最夜煆之發之無有也予先一日約表兄與趙平笥談青蛇之異予謂青蛇必金精也起晨入庙取酒酹蛇群若醍匿深穴亦神座之下以火燭之得寶劍一函翠色欲滴是夜二客夢一綠衣少年與予結佩後青蛇遂無見者

王文成夢中語

小山堂鈔本

文成少時夢中有詩云卷甲歸来馬伏波早年兵法鬢毛皤雲迷銅柱雷轟折六字題詩尚不磨文成身後謗與削爵與薏苡事畧同

馬家銅柱

伏波銅柱一在憑祥州思明府南界一在欽州分茅嶺交趾東界馬文渊又于林邑北岸立三桐柱為海界林邑南立五銅柱為三界唐馬揔安南都護二桐柱于漢故地五代馬希範平蛮立銅柱于溪州何銅柱之多皆出馬氏也

伏波銅舡

蒼梧郡有銅舡沉于灘天霽水澄隱ゝ見之云
伏波所鑄
雄黄擣衣石
泗城州土司有雄黄擣衣石質類瓊蕤光能鑑
物其声琮琤異于凡聽
飛来鐘
太平飛来鐘自趾交思琅州飛至沈希儀遣舍
人劉勲相之搥造軍器目未及視仆地而死
緑珠玉笛
緑珠玉笛尸添土花斑駁如繡云自巢賊發冢

諸陵笛㺯宫人宋偉後入交趾清夜聞歌每能
自叶槃公以名馬五十匹易之

飛来蓮

駮鹿山僧堂石蓮池時有五色蓮花穠出蓮中名
曰飛来蓮

杌棄矢

杌棄毒草鳥不敢棲其上形似獨稟蒜生深山
中就其處揉忌雞犬声用釀弩矢試之法以針
刺血仍用拇指緊按刺孔令人醮粟許趕血丶
縮倒回者方可用不先按其刺孔血縮入肉立

死不縮者雖犬声敗之也

思牢矢

思牢竹出思牢國用為箭可奪會稽之美其節有勒可以批瓜俗名澁勒東坡澁勒暗蠻溪義山思牢弩箭磨青石繡嶺蠻奴三𢇁刀竹譜作篾簩誤矣

西嶽真跡

李衛公少年憤隋乱上書西嶽文最激後為桂州行兵揔管刻于勾漏其真跡用黃絹書上半元時燬于火後半餘四十字筆法遒勁激昂青

卜山堂鈔本

雲其披掠處如快刀研馬令入辯雲娘家余跋其後

葛洪求至勾漏

葛洪求勾漏令曰非以爲榮以有丹砂耳遂將子姪倶至羅浮居七年忽帛廣州刺史鄧岳書曰遠行尋師尅日戒途岳至洪坐赤日中化去

趙臣廟

歸順有趙臣廟予不省何神聞其父老曰趙臣者粤入西交倜儻好奇計數不得志于有司徧歷諸猺獞皆優礼之昔岑猛以田州畔岑猛奔

歸順岑璋誅之田州平趙臣第一功也督府棄
而弗録鄉人憐之為之立廟
初岑猛反岑猛子於璋丈人行也督府姚公征
之患璋以故召沈希儀計事希儀雅知趙臣任
俠好事深明軍政詣之臣曰鎮安世而歸順仇
公假臣節徵兵鎮安岑猛之首在麾下矣希儀
許之夜間道詣璋、喜迎臣曰久不見故人今
肯念我遠辱耶臣不言佯不譯璋愈叩之但太
息璋疑之明日置酒宴臣臣愈不懌璋愈疑臣
臣勸我耶臣皆不應因挽臣入臥內長跪以請

小山堂鈔本

臣聽泣瑋亦泣臣曰托君肺腑有急不敢不言一言之君生而臣死矣督府討田州知君必黨婿命臣檄鎮安襲君故人以立功不如死矣言畢拔佩劍欲自殺瑋抱持之曰君毋憂君能生我亦能生君且令君有功猛奴視吾女如狗彘欲圖之久矣臣泣曰君誠然盍自陳自督府瑋留臣遣人詣希儀願擒猛自効希儀佯追臣陰白督府兵不徵命瑋專逼猛猛子邦彥守工堯隘瑋佯遣精兵千人助命報希儀旗幟服色勿使有傷及戰歸順兵先呼敗田州兵驚潰遂斬

邦彥猛欲走交趾使人邀之曰事急矣先走歸順始達安南再圖恢復然之瑋泣迎猛館别墅辟田州人無得近者數報兵退以報猛一日拉趙臣謂猛曰天兵雖退非陳奏不白為君草封事令人上之何如猛大喜臣乃為疏令猛出印、之瑋知印所在乃持鴆酒一卮獻猛曰天兵急君老夫不能相庇也猛大怒曰悔墮老奴豎子之計遂飲鴆死瑋斷其首併印遣臣馳詣督府內臣鄭潤總兵朱麟以猛中毒矢死斬其首印授獲聞趙臣參瑋之功俱不錄瑋恚恨遜聀

小山堂鈔本

子戫璋入崇山臣入古望辟穀不知所終噫中
國舉動如此難爲要服矣

小山堂鈔本

圖書在版編目（CIP）數據

殊域周咨録．一 /（明）嚴從簡輯．-- 北京 ：文物出版社，2023.3
（海上絲綢之路基本文獻叢書）
ISBN 978-7-5010-7966-7

Ⅰ．①殊… Ⅱ．①嚴… Ⅲ．①中外關系－國際關系史－史料－明代 Ⅳ．① D829

中國國家版本館 CIP 數據核字（2023）第 026332 號

海上絲綢之路基本文獻叢書

殊域周咨録（一）

輯　　者：〔明〕嚴從簡
策　　劃：盛世博閱（北京）文化有限責任公司

封面設計：鞏榮彪
責任編輯：劉永海
責任印製：張道奇

出版發行：文物出版社
社　　址：北京市東城區東直門内北小街 2 號樓
郵　　編：100007
網　　址：http://www.wenwu.com
經　　銷：新華書店
印　　刷：河北賽文印刷有限公司
開　　本：787mm×1092mm　1/16
印　　張：16.75
版　　次：2023 年 3 月第 1 版
印　　次：2023 年 3 月第 1 次印刷
書　　號：ISBN 978-7-5010-7966-7
定　　價：98.00 圓

海上絲綢之路基本文獻叢書

殊域周咨録（一）

〔明〕嚴從簡 輯

文物出版社

總緒

海上絲綢之路，一般意義上是指從秦漢至鴉片戰争前中國與世界進行政治、經濟、文化交流的海上通道，主要分爲經由黄海、東海的海路最終抵達日本列島及朝鮮半島的東海航綫和以徐聞、合浦、廣州、泉州爲起點通往東南亞及印度洋地區的南海航綫。

在中國古代文獻中，最早、最詳細記載『海上絲綢之路』航綫的是東漢班固的《漢書·地理志》，詳細記載了西漢黄門譯長率領應募者入海『齎黄金雜繒而往』之事，書中所出現的地理記載與東南亞地區相關，并與實際的地理狀況基本相符。

東漢後，中國進入魏晋南北朝長達三百多年的分裂割據時期，絲路上的交往也走向低谷。這一時期的絲路交往，以法顯的西行最爲著名。法顯作爲從陸路西行到印度，再由海路回國的第一人，根據親身經歷所寫的《佛國記》（又稱《法顯傳》）一書，詳細介紹了古代中亞和印度、巴基斯坦、斯里蘭卡等地的歷史及風土人情，是瞭解和研究海陸絲綢之路的珍貴歷史資料。

隨着隋唐的統一，中國經濟重心的南移，中國與西方交通以海路爲主，海上絲綢之路進入大發展時期。廣州成爲唐朝最大的海外貿易中心，朝廷設立市舶司，專門管理海外貿易。唐代著名的地理學家賈耽（七三〇～八〇五年）的《皇華四達記》記載了從廣州通往阿拉伯地區的海上交通『廣州通海夷道』，詳述了從廣州港出發，經越南、馬來半島、蘇門答臘島至印度、錫蘭，直至波斯灣沿岸各國的航綫及沿途地區的方位、名稱、島礁、山川、民俗等。譯經大師義浄西行求法，將沿途見聞寫成著作《大唐西域求法高僧傳》，詳細記載了海上絲綢之路的發展變化，是我們瞭解絲綢之路不可多得的第一手資料。

宋代的造船技術和航海技術顯著提高，指南針廣泛應用於航海，中國商船的遠航能力大大提升。北宋徐兢的《宣和奉使高麗圖經》詳細記述了船舶製造、海洋地理和往來航綫，是研究宋代海外交通史、中朝友好關係史、中朝經濟文化交流史的重要文獻。南宋趙汝适《諸蕃志》記載，南海有五十三個國家和地區與南宋通商貿易，形成了通往日本、高麗、東南亞、印度、波斯、阿拉伯等地的『海上絲綢之路』。宋代爲了加强商貿往來，於北宋神宗元豐三年（一〇八〇年）頒布了中國歷史上第一部海洋貿易管理條例《廣州市舶條法》，并稱爲宋代貿易管理的制度範本。

元朝在經濟上採用重商主義政策，鼓勵海外貿易，中國與世界的聯繫與交往非常頻繁，其中馬可·波羅、伊本·白圖泰等旅行家來到中國，留下了大量的旅行記，記録元代海上絲綢之路的盛况。元代的汪大淵兩次出海，撰寫出《島夷志略》一書，記録了二百多個國名和地名，其中不少首次見於中國著録，涉及的地理範圍東至菲律賓群島，西至非洲。這些都反映了元朝時中西經濟文化交流的豐富内容。

明、清政府先後多次實施海禁政策，海上絲綢之路的貿易逐漸衰落。但是從明永樂三年至明宣德八年的二十八年裏，鄭和率船隊七下西洋，先後到達的國家多達三十多個，在進行經貿交流的同時，也極大地促進了中外文化的交流，這些都詳見於《西洋蕃國志》《星槎勝覽》《瀛涯勝覽》等典籍中。

關於海上絲綢之路的文獻記述，除上述官員、學者、求法或傳教高僧以及旅行者的著作外，自《漢書》之後，歷代正史大都列有《地理志》《四夷傳》《西域傳》《外國傳》《蠻夷傳》《屬國傳》等篇章，加上唐宋以來衆多的典制類文獻、地方史志文獻，集中反映了歷代王朝對於周邊部族、政權以及西方世界的認識，都是關於海上絲綢之路的原始史料性文獻。

海上絲綢之路概念的形成，經歷了一個演變的過程。十九世紀七十年代德國地理學家費迪南・馮・李希霍芬（Ferdinad Von Richthofen，一八三三～一九〇五），在其《中國：親身旅行和研究成果》第三卷中首次把輸出中國絲綢的東西陸路稱爲『絲綢之路』。有『歐洲漢學泰斗』之稱的法國漢學家沙畹（Édouard Chavannes，一八六五～一九一八），在其一九〇三年著作的《西突厥史料》中提出『絲路有海陸兩道』，蘊涵了海上絲綢之路最初提法。迄今發現最早正式提出『海上絲綢之路』一詞的是日本考古學家三杉隆敏，他在一九六七年出版《中國瓷器之旅：探索海上的絲綢之路》中首次使用『海上絲綢之路』一詞；一九七九年三杉隆敏又出版了《海上絲綢之路》一書，其立意和出發點局限在東西方之間的陶瓷貿易與交流史。

二十世紀八十年代以來，在海外交通史研究中，『海上絲綢之路』一詞逐漸成爲中外學術界廣泛接受的概念。根據姚楠等人研究，饒宗頤先生是中國學者中最早提出『海上絲綢之路』的人，他的《海道之絲路與昆侖舶》正式提出『海上絲路』的稱謂。選堂先生評價海上絲綢之路是外交、貿易和文化交流作用的通道。此後，學者馮蔚然在一九七八年編寫的《航運史話》中，也使用了『海上絲綢之路』一詞，此書更多地限於航海活動領域的考察。一九八〇年北京大學陳炎教授提出『海上絲綢之路』研究，并於一九八一年發表《略論海上絲綢之路》一文。他對海上絲綢之路的理解超越以往，且帶有濃厚的愛國主義思想。陳炎教授之後，從事研究海上絲綢之路的學者越來越多，尤其沿海港口城市向聯合國申請海上絲綢之路非物質文化遺産活動，將海上絲綢之路研究推向新高潮。另外，國家把建設『絲綢之路經濟帶』和『二十一世紀海上絲綢之路』作爲對外發展方針，將這一學術課題提升爲國家願景的高度，使海上絲綢之路形成超越學術進入政經層面的熱潮。

與海上絲綢之路學的萬千氣象相對應，海上絲綢之路文獻的整理工作仍顯滯後，遠遠跟不上突飛猛進的研究進展。二〇一八年厦門大學、中山大學等單位聯合發起『海上絲綢之路文獻集成』專案，尚在醞釀當中。我們不揣淺陋，深入調查，廣泛搜集，將有關海上絲綢之路的原始史料文獻和研究文獻，分爲風俗物産、雜史筆記、海防海事、典章檔案等六個類别，彙編成《海上絲綢之路歷史文化叢書》，於二〇二〇年影印出版。此輯面市以來，深受各大圖書館及相關研究者好評。爲讓更多的讀者親近古籍文獻，我們遴選出前編中的菁華，彙編成《海上絲綢之路基本文獻叢書》，以單行本影印出版，以饗讀者，以期爲讀者展現出一幅幅中外經濟文化交流的精美畫卷，爲海上絲綢之路的研究提供歷史借鑒，爲『二十一世紀海上絲綢之路』倡議構想的實踐做好歷史的詮釋和注脚，從而達到『以史爲鑒』『古爲今用』的目的。

凡例

一、本編注重史料的珍稀性，從《海上絲綢之路歷史文化叢書》中遴選出菁華，擬出版數百册單行本。

二、本編所選之文獻，其編纂的年代下限至一九四九年。

三、本編排序無嚴格定式，所選之文獻篇幅以二百餘頁爲宜，以便讀者閱讀使用。

四、本編所選文獻，每種前皆注明版本、著者。

五、本編文獻皆爲影印，原始文本掃描之後經過修復處理，仍存原式，少數文獻由於原始底本欠佳，略有模糊之處，不影響閱讀使用。

六、本編原始底本非一時一地之出版物，原書裝幀、開本多有不同，本書彙編之後，統一爲十六開右翻本。

目録

殊域周咨録（一）

殊域周咨録（一）

序至卷二

〔明〕嚴從簡　輯

明萬曆刻本

殊域周咨錄序

古之善謀人國者莫不以鑒於成憲爲急務故魏相好觀故事蘇瓌多識舊章至富弼則請選官將三朝故典分門類聚編成一書俾爲模範皆是意也況於制禦夷狄其關係治道尤

夫能不遵先王之道而可無過者否

矣粤我

二祖

列宗内既順治外自威嚴九夷八蠻梯

航承德而其所以懐柔之者不越乎

文告之脩威攘之令而已文告則責

諸使臣其間招徠有術宣對異宜剛
柔變化幾不可測若沈秩之諭渤泥
者是已威攘則責諸帥臣其閫經畧
有方戰守異勢情偽緩急間不容髮
若張輔之征交趾者是已至於鄭和
以使往西洋而戮其叛王毛伯温以

帥討叄庸而受其欵塞則二者又交相為用其成憲昭然皆可鑒也頃者諫議姪紹峯子携所著殊域周咨録為餽且敦乞叙言予閒中閲之乃知其行人時手輯名以周咨者因靡及之懐勤採訪之慱蓋專以備使臣啣

命外邦之猷而帥臣敵愾干城之策亦
具焉予因論
國家纖蒔之患在東南莫狡於日本在
西北莫䝉於韃虜日本之通衲倚使
臣故自宋蘇鄉爭貢之後獻琛效順
金戈久偃而王直一旦蠢動海上禍

延四省暴骨如莽斯時也材官之糾練芻餉之盈縮以致添將增城

朝廷按

祖宗靖虜之籍而參定之卒致蕩平鞑虜之定惟倚帥臣故自土木遣使以來烽火多警星軺久絕而俺荅悔禍

祈求通市疑信莫持郊勞難保斯時也馬價之高下犒賞之豐菲以致列

爵賜冊

朝廷按

祖宗封倭之典而揆制之迄今向化予以是益信文告威攘交相為用而又

知南倭北虜互藏其馭者矣推之各
夷何有哉顯謨遐軌繼志述事其善
如此且予幸際
聖明有道守在四夷謬叨象胥之重任
謀保金甌之萬全固願得言重三軍
勝决千里之臣以任之且示爾典常

作之師也則欲于
大明會典之外如魏相蘇環條列故章
上之
當宁以為百官承式之考而政務至殷
故未遑耳我姪斯録也雖於
祖宗之耿光大烈未克兼總其全若干

冨鄉之請門類分編則豈非為天下

九經中柔遠人懷諸侯之模範哉故

喜其有合乎旨而序之

萬曆癸未三月吉旦

賜進士第資德大夫正治上卿吏部尚

書滇浙居士寅所嚴清撰

殊域周咨録題詞

夫男子始生懸桑弧蓬矢以射四方志有事也夷戎蠻狄不出覆載非四方之極而為男子所有事者乎粤自王者無外殊疆一統故伊尹定四夷獻令正東越漚剪髮文身令以魚皮之鞞鮫瞂利劍為獻正南甌鄧桂國百僕九菌令以文犀翠羽菌鶴矩狗為獻正西崑崙狗國闟耳貫胸令以白毛紕罽龍角神龜為獻正北空同大夏莎車代翟令以白玉良弓騊駼駃騠為獻是豈聖人斥疆土

寶遠物哉亦以德威所感凡有血氣共惟帝臣焉耳然一来一往禮無不荅則所以口啣天語身縶星馹報聘宣招傳綸綍之温煦布聲靈之赫濯而使中國常尊外夷永順固使者職也以比男子有事其責不更重且切耶由是則遐覽旁通以備將命於上采風於下者自當無所不周矣

明興文命誕敷賓廷執玉之國梯航而至故懐来綏服寶冊金函燦[illegible][illegible]日而行人之轍遍荒徼矣我

聖祖之勑本司有曰稽道里之遐邇識其緩急驗其

辭色進退節度規矩弗移斯
聖謨也夫豈為我中邦之使告哉凡以訓承異外域
者耳盖方今天下車書混同驛路有版藉儀禮有
注式皇華俻止雍容委蛇導揚休命罔不承聽所
謂節度規矩不肅而中者也惟彼夷酋言語不通
心志叵測王人往臨恪順威旨者雖云其常而間
有匪茹反覆狡猾二心或以脅覊如西域之於傅
安或以利誘如高麗之於祁順挾詐多端變生俄
頃則我所以守正出奇剛不取禍柔不取辱以尊

全

天子之委重者其急緩辭色誠不可不愼

皇祖訓勅之旨良有以哉曩予備員行人竊祿明時

每懷靡及雖未嘗蒙殊域之遣而不敢忘周咨之

志故獨揭蠻方而著其使節所通俾將來賓案或

有捧

紫誥於冊陛樹琦節於蒼溟者一展卷焉庶爲辭色

進退將命採風之一助也然其間功討之略守禦

之策

列聖威讓之謨諸臣經畫之論隨事具載雖以著一
國之始終要亦官守所係不可缺焉何者盖行人
奉使條例其凡有九而有曰軍務者有曰整點大
軍者則武事乃居其二非特司禮文之末而已况
國家每有征伐必以行人為之先諭故
太祖欲征緬甸則遣李思聰詔其罷兵
成祖欲討安南則遣朱勸許其贖罪以干戈取之而
不足以口舌伐之而有餘君子稱行人之職與將
帥相為表裏亶其然矣豈可曰軍旅之事吾未之

學邊疆之籌吾未之任而漫焉廢講哉乃備録之

而并附其詩文道里風俗土産之類非徒誇文炫

武而實服膺

聖祖之訓周爰諮度猶恐有遺識焉耳但是録之作

昔合爲使職文獻之外編今因板泐重校分爲一

書名曰殊域周咨以畀我僚之便覽云僻居陋巷

不能廣致群籍是以不免掛一漏萬所賴大雅君

子惠賜斧教訂誤補缺俾成一家之言則就正之

心固所願也敬自是哉敢自足哉

萬曆甲戌月正元日

前行人司行人刑科右給事中嘉禾紹峰子嚴從簡識於後瀟精舍

按是録所輯多今時事而畧於古者何哉蓋自漢唐以来各夷自有成史不必再贅故但揭其大綱以見立國之由可也若我 朝之撫馭各夷者其文典藏諸秘舘世莫易窺茍有散見於各帙者必盡著之以表 國家章程之大以傳臣工經畧之猷祗惧其語焉不詳未論其擇焉

不精也至其中有雜說一二亦以原非正史聊
廣見聞如賓筵児俎之外侑以螺頭亀脚恭錯
成味俾覽者鮮㩟不至端冕而聽惟恐其卧也
乎

殊域周咨録總目

七卷

占城

八卷

真臘　暹羅　湍剌加　爪哇

三佛齊　浡泥　瑣里古里

九卷　以上皆南蠻

蘇門荅剌　錫蘭　蘇禄　麻剌

忽魯謨斯　佛郎機　雲南百夷

十卷

吐蕃

十一卷

拂菻　榜葛剌　默德那　天方國

十二卷

哈密

十三卷

土魯番

十四卷

赤斤蒙古　安定阿端　曲先　罕東

火州

十五卷以上皆西戎

撒馬兒罕　亦力把力　于闐　哈烈

十六卷之二十二卷

韃靼

二十三卷

兀良哈

二十四卷以上皆北狄

女直

殊域周咨録卷之一

皇明行人司行人刑科右給事中嘉禾嚴從簡輯

東夷

禹貢曰祗台德先東漸於海君奭曰海隅出日罔不率俾則知溟渤之區雖非正朔所加要皆文德所徠自古稱藩獻琛者已極嵎夷之外尚已闢親隋宋如裴世清使倭奴而有儀仗鼓吹之盛錢勰使高麗而却金器四千之餉矯矯二星迹震東表名揭方冊猗歟休哉御製

大明當天竆荒極壤咸在照臨而海中諸蕃春先得
於陽谷氣早冋於扶桑其所被
帝德光華比之他國為獨渥焉行人乘帆而至綵綸
一布拜舞懽呼如太陽東升而金礫沙明霞光
電閃川鳴谷響海水立而海若藏也然則使者
其捧日之雲乎哉雖曰鯨波萬頃蜃氣千里時
多不測所伏
天子神威馮夷先驅天吳效順百靈秘怪呵護畢出
又何足為皇華虞耶故採其方域正東則有若

朝鮮有若日本東南則有若琉球而皆東方之
夷録分四卷以為嚮
詔青澥者之愽喻也叙東夷

朝鮮

朝鮮周封箕子於此同三恪不臣朝鮮云者以其
在東取朝日鮮明之義也秦屬遼東漢初燕人衛
滿據其地武帝平之置真蕃臨屯樂浪玄菟四郡
漢末公孫度開府行牧事於遼東并有其地三傳
而為魏所滅晉永嘉之亂扶餘别種酋長高璉入

據其地稱高麗王居平壤城始列化外唐征高麗拔平壤置安東都護府其國東徙距鴨綠江千餘里五代唐時王建代高氏闢地益廣并古新羅百濟而為一遷都松岳以平壤為西京其後子孫遣使朝貢於宋亦常朝貢遼金歷四百餘年其主未始易姓元至元中西京内屬置東寧路總管府畫慈嶺為界入　本朝

太祖高皇帝洪武元年（列聖廟號俱一揭於此卷悉以年號為紀）遣符寶郎偰斯奉璽書賜高麗國君王顓書曰自有宋失

馭天絕其祀元非我類入主中國百有餘年天厭
其昏淫亦用殞絕其命華夏潰亂十有八年當群
雄初起時朕為淮右布衣暴兵忽起悞入其中見
其無成憂懼弗寧荷天地眷祐授以文武東渡江
左習養民之道十有四年其間西平漢主陳友諒
東縛吳王張士誠南平閩粵戡定八蕃北逐胡君
肅清華夏復我中國之舊疆今年正月以民推戴
即
皇帝位定有天下之號曰大明建元洪武惟四夷未

服故遣使報王知之昔我中國之君與高麗壤地相接其王或臣或賓蓋慕中國之風爲安生靈而已朕雖不德不及我中國古先哲王四夷懷之然不可不使天下周知餘不多及

按帝王之馭夷狄有本有文所謂本明德是已所謂文明命是已非明德之修固無以感格其良心而使之慕非明命之宣亦何以攝服其邪心而使之畏哉矧胡元入主中國其時諸蕃皆以醜類相視莫肯臣屬積習已久我

聖祖方混一區宇聲教猶未覃及其亦可無報諭之[illegible]
乎自是招徠讓責渙汗遄馳難以盡載每國各
述其首所頒詔及因事有宣者用昭
皇靈漸被之實焉
二年正月國王王顓上表賀即位遣使賚金印賜
之并賜大統曆仍封為高麗國王命三歲或二歲
遣使朝貢國王則世一見　三年定鄉會科試條
格詔高麗安南占城等國如有行修經明之士各
就本國鄉試貢赴京師會試不拘額数選取是科高麗

貢士入試者三人惟金濤登第授東昌府安丘縣
丞壽以不通華言請還本國詔給道里費遣之
上遣禮官徐師昊往高麗代祀其國山川之神
學士宋濂記曰
皇帝受天明命丕承正統薄海內外罔不臣妾德流
惠敷浹於神人粵洪武三年春正月二十癸巳
上御奉天殿受群臣朝乃言曰朕以菲德惟天惟祖
宗是賴位於諸侯王兆民之上郊廟祠享之禮
朕不敢不恭然而名山大川能出雲雨以澤被
生民者朕於報祈亦罔或弗欽邇者高麗國奉

表稱臣已封其君為王爵錫以金印而其境内
山川未進致祭非一視同仁之意儀曹其議行
之於是禮部尚書臣崔亮郎中臣趙時泰員外
郎臣蘭以樵主事臣黄肅相與具牢醴旛幣選
志慮潔一可通神明之士充使者以行有司遂
以臣徐師昊名上既復命
上出宿齋宫七日始御翰墨撰祝冊至十日庚子昧
爽右丞相信國公臣徐達率文武百司序立龍
墀之左右

上服通天冠絳紗袍御臨前殿默思久之方持香以
授臣師吴置綵輿中導以音樂出奉天門
上親廷至趾遣之臣師吴受命惟謹以夏五月某日
甲子至其國某日甲子為壇三壝於南門外攝
行祀事其國王王顥曁諸陪臣先後駿奔以竭
顯相之義當祀之辰天氣晏清海波不驚祥雲
瑞日回旋上下宛若神靈來格僉以謂
天子不鄙夷遠民龍光下被人神俱忻雖鳥獸魚鱉
之屬亦得翔泳於至化之中其於慶幸古所未

覩爭欲勒文於石以垂示於無窮臣師昊聞之
自古帝王以天下為一家雖海外要荒之地視
如咫尺則公羊高所謂方望之事無所不通者
固其宜也肆惟
皇上撫有萬邦一遵先王成憲其有事遠徼山川如
此之嚴豈有他哉實為東南民徼福使風雨以
時年穀順成物無疵癘而已書曰至治馨香感
於神明黍稷非馨明德惟馨神既歆厥明德洞
達無間昭報響荅當有洋洋臨乎其上者矣臣

師昊不佞請書是以為記以昭宣上德軫念遐
方之氓不翅中國者當與東海相為無極云
五年高麗王王顓遣其禮部尚書吳季南民部尚
書子温等奉表貢馬及方物表言耽羅國恃其險
遠不奉朝貢及多有蒙古人留居其國蘭秀山逋
逃所聚亦恐為寇患乞發兵討之
上乃賜顓璽書曰朕聞近悅遠來救罪宥愆此古昔
王者之道治大國如烹小鮮乃老聃之言寬而不
急斯為美矣使者至賚王表陳耽羅事宜朕甚惑

焉因小隙而搆成大禍者智士君子之所慎夫耽羅居海之東溶瀰髙麗朕即位之初遣使適爾王國未達耽羅且耽羅巳屬髙麗其中生殺王巳專之令王以耽羅蕞爾之衆蘭秀山逋逃之徒用朕之詔示以威福一呼即至削去孳生之利移胡人於與方恐其不可盖人生皆樂土積有年矣元運既終耽羅雖有胡人部落巳聽命於髙麗又別無相誘之人何疑忌之深也若傳紙上之言或致急變深為邊民患人情無大小急則事生况衆多乎

朕若效前代帝王併吞邊夷務行勢術則耽羅之變起於朝夕豈非因小隙而搆大禍者乎王宜熟慮烹鮮之道審而行之不但靖安王之境土而耽羅亦蒙其德矣如其不然王尚與文武議之遣使再来行之未晚王其察焉茲因使還賚此以示

是年安置歸德侯陳理歸義侯明昇於高麗理陳友諒之子昇明玉珎之子也初元至正辛卯群盗四起友諒本沔陽漁家子嘗為縣吏不樂會蘄州羅田人徐壽輝與其黨倪文俊等以妖術聚衆作

亂揭黄巾為號友諒慨然從之壽輝攻陷黄州僭
位稱帝國號天完改元治平友諒初為文俊簿書
椽未幾亦領兵為元帥因隙襲殺文俊併其軍自
稱平章壽輝不能制後友諒兵益强復襲壽輝殺
其左右居之江州友諒自稱漢王領兵犯太平挾
壽輝以行及陷太平急謀僭竊乃使人殺壽輝以
采石五通廟為行殿稱帝國號漢改元大義據湖
廣居上流欲與我爭衡攻江西南昌諸郡
上親督舟師往援三勝之友諒忿益兵進攻

上被圍於鄱陽勢困計無所出親兵指揮使韓成請
以身觧圍遂服
上龍袍冠冕對賊衆投水中賊遂退迺復整旅相敵
凡大戰五晝夜將臣死者三十餘人友諒相持既
久粮且盡冐死突走友諒中流矢貫睛而死其臣
太尉張定邊以小舟載友諒屍及其子理奔還武
昌復立理為帝
上遣其降將羅復仁諭理使降理遂詣軍門納款乃
封理為歸德侯玉珎湖廣隨州人初亦從壽輝起

兵倪文俊陷川蜀令玉珍守之既而文俊壽輝被
弑玉珍遂自據成都稱隴蜀王後亦稱帝於成都
建國號曰夏改元大統玉珍病卒子昇嗣立始十
歲改元開熙毋彭氏同聽政昇常遣使来聘
上登極後昇據險未下乃命湯和為征西将軍率兵
討之又命傅友德廖永忠分道進取約會師於重
慶於是州縣望風歸附昇君臣大懼其右丞劉仁
議奔成都其毋彭氏勸昇早降以救民命昇遂面
縛啣璧與毋彭氏及群臣奉表詣軍門降永忠解

縛承制慰撫送至京師引朝見畢

上赦其罪封歸義侯賜居第於都下二侯居常鬱鬱不樂頗出怨言

上聞之曰此童孺輩言語小過不足問但恐爲小人鼓惑不能保始終宜處之遠方則釁隙無自生可始終保全矣於是徙之高麗仍賜高麗王紗羅文綺四十八疋俾善待之

按韓成誑友諒以全

聖祖與紀信誑楚羽以全漢高事絶相類因見二臣

之忠勇亦或天生此兩傑以為保護開國之主
計耳但當時群雄惟友諒最強我
聖祖鄱湖之戰屢危復安搆怨至大也迨其既亡孰
有不甘心於其嗣者而
聖祖之於陳理方且委曲遷徙與明昇同優容之其
寛仁大度又超出漢高之釋季布遠矣
時高麗猶常為竊寇十年都督僉事濮真承命往
問罪被執不屈死之真鳳陽人初從舉義以忠勇
被遇有功歷官都督至是徙高麗為其所執高麗

王愛其驍勇欲降之真厲色曰吾為天朝大臣視爾夷君不啻下風敢以此望我耶王怒欲兵之真大罵曰夷虜爾害吾吾主必滅爾國爾不知吾大丈夫有赤心肯爾屈耶即抽刀剖心示之而死王初意止欲迫脅真耳不虞真之死也真死王大懼遣使入朝謝罪并歸真從行兵士

上曰濮真當危難秉義不屈忠節可嘉追封樂浪公諡忠襄表其門曰班超群將志邁雄師時真子璵生甫数月即襁褓中封為西涼侯以報真功

上遣高麗使還以勅諭之曰汝承奸臣之詐不得已而来誑我今命爾歸當以朕意言於首禍之人曰爾殺中國無罪之使其罪深矣非爾國執政大臣来朝及歲貢如約則不能免問罪之師爾之所恃者滄海不知滄海與吾共之爾如不信朕命舳艫千里精兵數十萬揚帆東指特問使者安在雖不盡殲爾命豈不將囚其太半爾果可輕視乎　十二年高麗屬夷龍州土官鄭白等率男婦来遼東請内附守將潘敬葉旺以聞

上勑敬旺曰奏至知高麗鄭白来降特未審将軍識其計否高麗僻居海隅其俗尚詐况人情莫不安土重遷豈有舍桑梓而歸異鄉者耶中國方寧正息兵養民之時爾與東夷接境慎勿妄生少隙使彼得以籍口符至之日開諭来者令還以破彼奸若吾正而彼邪彼果不臧則師出有名矣其来降者切不可留春秋有云毋納逋逃不然則邊患将由此而啓矣　是年國王遂復遣使周誼至遼東計事初元主常索女子於高麗得誼女納之於宫

中後為我朝由使携歸特宫中美人有號高麗妃者疑即此女故上慮詛挾詐勑遼東都司曰高麗数以詛来使殊有意焉卿等不可不備勑至當遣詛入京別有以處之毋使入窺中國　十五年遷故元梁王把匝剌瓦爾密及威順王子伯伯等家屬居高麗之耽羅初天下一統惟雲南為故元遺孽梁王所據恃遠弗臣遣翰林待制王禕行叅政吳雲持詔往招諭之偉等宣布威德梁王君臣已有降意改舘禕等厚待之會故元太子自立於沙漠遣使脫脫徵根

雲南且欲連兵以拒我脫脫覘知梁王有二心因以危言迫梁王殺我使以固其意禕遂與吳雲俱被害

上命頴川侯傅友德永昌侯藍玉西平侯沐英率師往討遂進取曲靖生擒其僞司徒平章達里麻師趨雲南梁王聞敗棄城走滇池島中先縊其妃自飲藥不死投水而死沐英入城收梁王金印幷官府符信圖籍撫安其民俘其家屬送京師至是乃

命與伯伯等家屬徙耽羅居焉

先是高麗遣使洪師範朝貢及還而溺于海
上以高麗貢使頻数遣故元樞密使延安答里諭意
顓遣門下賛成事姜仁裕表謝貢方物
上令賀正旦使金湑及仁裕偕還賜王藥餌又諭中
書省曰曩因高麗貢獻頻数遣延安答里往諭朕
意今一歳迭至囷罷其民涉海險遠如渠往使洪
師範歸國覆溺幸有脱歸者言其故否且致疑古
諸侯事天子比年一小聘三年一大聘若九州外
縣番世一見而巳貢物亦無過侈高麗去中國稍

近人知經史文物禮樂畧似中國非他邦比宜令
三年一聘或比年一聘貢物產布十疋足矣丞相
以其朕意諭王諸新附遠邦来朝亦明告以朕意
中書因使者還咨諭之
上又命延安侯唐勝宗鎮遼東勑勝宗絕高麗曰舊
歲今春高麗之使水陸兩至此非臣禮暗行侮慢
明彰蘖潰此夷自古侮中國構兵禍可與絕交曩
漢四伐絕滅其國族魏再伐屠其都晋再伐焚其
宮室俘其男女五萬隋再伐城困將亡受降而免

唐四伐斬首五萬獲牛馬八萬餘夷王藏等戮之市遼五伐焚其宮室斬亂臣康肇拔十餘城金一伐元五伐夷王靁躭羅捕殺之躭羅以故竟為元牧馬之野爾出征遼左使至送来勿令其還以絕彼奸計未幾高麗使復至勝宗察其奸奏之

上諭勝宗曰高麗今春使至賄賂京宫甚重内有一單云上等人若干中等人若干覩此甚無禮受賂者必有知豈不赧哉今爾知誘而能奏由豫不得獨名千古矣遼壤東界鴨緑江北鄰曠塞非多算

不能守慎之勝宗在鎮威讋惠懷兵民輯睦防奸
禦侮邊境肅寧勝宗濠人年十八挺身来歸多著勲績封侯與世券
按四夷来王雖中國盛事然賞賜宴勞其費頗
鉅且使者瀕至與華人情熟窺伺機竅固當防
其漸也至其開單餽賄雖在彼或可私覿以將
敬然在我不可私受以啓侮我
太祖嚴示禁戒乃謹微之深意豈特為厚往薄来惜
此費而已哉
上命市高麗馬萬匹索閹人二百　詔表高麗婦人

郭氏為節婦初郭氏為遼東民伯顏不花妻其夫被元將納哈出所殺郭氏居渾灘自縊死於馬櫪又伯顏之從父高希鳳藥師奴亦死於亂希鳳妻劉氏罵賊而死師奴妻李氏携其子文殊孤姪僧保往高麗避難至中途度不能兩全以其子差長棄之獨携姪以行後訪得其子復歸守夫墓又希鳳從子高塔失丁被仇陷死其妻金氏與姑邢氏俱自縊事聞命表其家為五節婦之門

按從一之義婦與臣同然人臣不仕二姓完名

無忝者鮮矣而況一門五婦同秉堅剛不其難乎況鄭又生長高麗豈知有中國詩書禮義者耶何以能爾也毋乃天禀介石之性不間夷華焉耳宜有以来宅里之旌也因念國初保寧城中有韓氏女年十七歲遭明氏兵亂慮為所掠乃偽為男子服混處民間既而果被虜居兵伍中七年人莫知其為女子也後從明玉珎兵掠雲南遂遇其叔父贖之歸成都以適尹氏同時從軍者皆驚異成都人以貞女稱之夫韓之全

身軍伍與太蘭正同而李之携姪棄子與鄧伯道何異此尤傑然可述者誰謂古今人不相及耶敢併及以著二奇焉

十六年高麗遣陪臣張伯崔涓来貢方物

上以其歲貢不如約五載不庭今又非時而至悉却之命禮部咨諭其國

十八年　高麗國王王顓卒謚曰恭愍無嗣權臣李仁人迎辛肫子禑主國事昏暴自恣多殺無辜至欲興師侵犯遼東大将李成桂以為不可乃止

禑自知負罪惶懼遜位子昌國人弗順啓請恭愍王妃安氏擇立宗親定昌院君瑤權國事瑤昏迷不法聽信讒說離間勳舊國中臣民多被殺戮其子奭復癡騃無知荒於酒色衆以安妃命廢瑤退居私第推門下侍郎李成桂主國事二十五年高麗知密直司事趙胖等持其國人評議來奏載立李成桂之意成桂即仁人之子也世擅國政初王顓之卒或謂被李仁人所弑辛昌主國日成桂嘗代請入朝

上不許及是瑶使子襲入朝貢歸瑶已被廢

上得奏謂東夷限山隔海非中國所治且其間事有

隱曲未可遽信之乃命禮部移文高麗從其自為

聲教成桂於是代王氏更名旦徙居漢城遣使請

改國號詔更號曰朝鮮遣儀制郎熈光宣賜之

修撰黄覲贈光詩曰東服来王荷寵褒遥宣聖

澤屬儀曹九重錫予

皇恩渥萬里馳驅使節勞人仰中天紅日近星環北

極紫微高来迎父老應相語風不鳴條海不濤

觀建文（忠臣也）旦既得國進表貢金鞭等方物納前恭愍王金印請朝鮮印及封王誥命其表有犯上字

上怒下使者吏言此表鄭集所撰詔還所貢追索撰表者旦懼即以鄭集来獻

上命安置雲南仍申諭遼東都司禁邊人不許通朝鮮人往來界上亦不許商賈貿易永遠絶之 遣使送故元梁王（即把匝剌瓦爾密也）之孫愛顏帖木兒往朝鮮賜鈔五十錠爲道里費且命朝鮮送至耽羅國

依其親族　二十六年朝鮮陰令守邊千户招誘女直人五百餘潜渡鴨緑江將寇遼東守將諜知以聞

上悪其自生釁端遣勑責之勑曰李旦廢絶王氏自取其國朕以爾能靖來夷之民聽其自爲聲教適月方来謝恩何其不知尊卑之分乎朕聞金世宗時高麗進表啓函惟小石數枚及賀正稱進玉帶驗之乃石世宗由是興師破数十城此前代事之可見者也近者爾國入貢復以空紙圈数十雜於

表函中以小事大之誠果如是乎爾之所恃者以滄海之大重山之險謂我朝之兵亦如漢唐耳漢唐之兵長於騎射短於舟楫用兵浮海或以為難朕起南服江淮之間混一六合攘除胡虜騎射舟師水陸畢集豈漢唐之比哉百戰之兵豪傑精銳四方大定無所施其勇帶甲百萬舳艫千里水陸渤澥陸道遼隩區區朝鮮不足以具朝食海何足以當之雖然際天所覆皆朕赤子明示禍福之機開爾自新之路朕亦將容爾以安夷人若重違天

道則罰及爾身不可悔後又著於訓曰李仁人及子成桂自洪武六年至二十八年凡弑王氏四王姑待之

按隋煬帝以征高麗而亡國唐太宗以伐高麗而致悔凡以好大喜功不恤民命之為累耳我聖祖之於李旦忍其詐侮或擯絶之或切責之諄諄然以口舌代戈矛豈其力有不足哉亦慮師旅一興肝腦塗地故也不惟示包荒之量實寓好生之仁卒致内寧外威而朝鮮賓服迄今晏然

為我四輔不可以觀

聖祖宏遠之畧也哉

且後復遣使朝貢迺許其通且老請以子芳遠襲

爵從之

成祖文皇帝永樂元年賜芳遠金印誥命冕服九章圭玉佩玉妃珠翠七翟冠霞帔金墜又給象牙犀角春秋會通大學衍義通鑑綱目列女傳等書腦麝沉檀白花蛇等藥　十七年芳遠老請以子裪

嗣時國家遷都北京北南京距朝鮮為益近以後

仁宗昭皇帝洪熙間
宣宗章皇帝宣德間每歲凡
萬壽聖節正旦
皇太子千秋節皆遣使奉表朝賀貢方物其他慶慰
謝恩等使率無常期或前者未還而後者已至雖
國王不世見然事天朝最恭謹天朝亦厚禮之異
于他蕃每朝廷大事必遣頒詔于其國告哀請封
必遣近臣及行人弔祭冊封之例以為常及是國
王芳遠卒謚恭定

上遣翰林官端木孝思往祭吊并賜嗣王禂五經四書性理大全通鑑綱目

金幼孜贈孝思詩曰曾同載筆侍蓬萊文采煌煌映上台奉詔文從天上出驅車還向日邊来新亭樹色連征旆驛道梅花點酒盃好為吾皇宣德意早春先候使星回

五年禂遣使獻海青鷹使還

上賜王磁器諭禂王國中多珎禽異獸然朕所欲不在此後勿獻

英宗睿皇帝正統初年賜國王遠遊冠絳紗袍翼善冠龍袞玉帶王奏乞弓材牛角特許歲買五十枚

景皇帝景泰間裪卒

上遣翰林編修陳緝熙往封其子珦

按緝熙幼時其父鑑為熊大理竄戍遼東以死其母更嫁一百戶緝熙依壻官施道常為徒讀書刻苦戊辰進士及第除編修欲見其母求使高麗使還果迎其母與父喪同歸瘞于故丘此與宋之杜[illegible]認失母于深潞得父墓于梁村者

心尤為切非至孝所感何以致是哉

其後國王珦卒賜謚恭順命其子弘曉襲弘曉幼弱其叔瑈以讓位請七年詔封瑈為王

英宗睿皇帝天順初國王瑈與女直毛憐衛仇殺廷議遣使問罪僉舉禮科給事中張寧往詔可之內批都指揮武忠與俱既行而遼東奏兩夷方搆禍乞詔寧擇進止寧曰君仁臣忠義雖自便乃急趨朝鮮宣

上德威示禍福諭之君臣震懾遣陪臣入謝復遣其

子入學引咎辭兵馬時謂寧此行不減重兵十萬

橫行鴨緑也寧浙江海塩人

按寧入朝鮮其館伴朴元亨者亦捷才寧為百韻詩每得句朴隨手和之及至云溪流殘白春前雪柳折新黃夜半風朴閣筆曰不敢賡矣

英廟復位尤所眷注嘗獨召寧論事每對廷臣稱眞給事中晚年欲大用之會晏駕不果景泰天順間為諫官第一太監覃苞素重寧累遣人邀與相見卒不往成化初南京給事中王徽等彈劾

內閣李賢不職獲罪俱遠謫寧會六科申救忤
賢賢乃假歷練之說票旨陞寧汀州知府抵任
未幾引疾致仕不復起直道不容於時不寃其
用士論惜之觀此則朝鮮之行雖推其才當
時亦已有遺艱放遠之意故遂守有擇進止之
請也但寧本利器能自別於盤根錯節之役耳
是年諜報女直建州酋長董山潛結朝鮮謀叛朝
廷命巡撫遼東都御史程信察之信令自在州知
州佟成詐以他事廡其境上得朝鮮授董山為中

憲大夫中樞密使制書還報信具奏請乘其未發
遣二急使往問可伐其誅
上復命一給事中往朝鮮一錦衣譯者往建州國王
與董山初俱不肯承出制書示之皆驚服貢馬謝
罪
憲宗純皇帝成化初年朝鮮進白鵲海東青給事中
韓文上疏曰臣伏覩天順八年詔書各處今後不
許進貢鳥獸花木及本處一應所産財物誠不寶
異物之盛心也今朝鮮國内三貢禽鳥雖小國效

順然不應將此玩物頻數來獻其意盖謂朝廷所尚者珍禽奇獸故傳取頻貢希求厚賞況以禽獸微物奔馳千里之遠亦勞民動衆彼此煩擾若不却去其貢非惟彼國不知詔書禁止之意抑且窺見朝廷嗜慾輕探厚取久則將起侮玩殊非王者撫馭外夷之體書曰不寶遠物則遠人格伏乞

聖明留意焉

按洪武間翰林應奉唐肅有應制賦海東青一絶云雪翮能追萬里風坐令狐兎草間空詞臣

不敢忘規諫邪憶當時魏鄭公是日
上御奉天門外西廡旁觀海東青翰林學士宋濂因
諫曰禽荒古所戒
上曰朕聊玩云耳不甚好也濂曰亦當防微杜漸
上遂起夫
聖祖之虚納二臣之忠讜一時盛事寔可讚述而韓
公此疏又與唐宋二臣有光焉昔卜罔俾阿衡
專美有商其文之謂乎
四年朝廷出兵將征女直建州夷命國王李瑈來

攻國王聽命遣中樞府知事康純魚有沼南哈等共率兵萬人如約抵虜巢不敢後期各奏捷受濃賞　十一年建儲命兵部主事祁順司副張廷玉往諭關人故集土兵千餘土物萬計從而貿易順乃悉屏斥惟匹騎從徃既就舘

詔命遂謁先師孔子廟順與廷玉各賦詩以紀其事而順為之序

大學士李東陽贈順詩曰聖代山川盡海隅朝鮮東面一藩如冠裳舊入周王制文字全通漢

詔書千里威儀瞻候欽萬年臣妾荷宗儲茲行
大抵關風化四牡歌成意有餘
祈順序曰余仕中朝聞外國之有文獻者以朝
鮮爲稱首其人業儒通經尊崇孔聖之道匪直
守箕子遺教而已茲余奉
天子命偕行人司副張君廷玉來使其國恩詔既宣
即謁孔廟于成均之舘舘在國城東北隅地最
高爽其廟五間扁曰大成殿祀典與中華同殿
後有明倫堂堂後有藏書閣諸生肄業者三百

餘貢索其所習詞賦策問觀之亦中華體製也宴坐明倫堂中值雨良乂廷玉賦謁廟詩一絕余亦作七言二律其一則為諸生勉爲藩臣在席者凡八人咸依韻賦之且願一言序作之之意惟孔子之道徧于四方行于萬世而朝鮮能宗斯道以雄于東亦為知所重也已宋史稱其俗喜讀書廝賤之家各于衢路置局堂以相講習而國人金行成崔罕王彬相繼就學于國子監擢進士第而歸則詩書薰陶已非一日我

皇明文教誕敷東漸尤近朝鮮人士歲覲京國耳聞目覩所得尤深宜其文物典章不異中華而遠超他邦也今諸生學聖賢之學尚思蘊為道德發為功業以求高明遠大之歸而不安于苟且卑陋之習斯為善學者矣若徒屑屑于詞章末技而弗究其本焉則非中國所聞也余之相勉以詩者意蓋如此諸生擇乎哉

順等事畢國王奉贈輿馬金繒聲伎諸物順等悉郤之貽王以書曰僕不敏辱承

聖天子明命以抵于斯自入境迄今餘一月矣始也聞王之德譽而傾慕焉中也覲王之矩範而起敬焉終也感王之禮意而眷戀焉王之天資英邁學力純至行已接人悉有儀度其于尊事朝廷以及行人之禮蓋無不至者至于僕所以自處則恐王未克盡知也聞之左右皆謂僕之斯行凡餽儀盡禮一一力辭于盛意似有所不慊噫君子之交際豈專在乎物哉贈行有盡王之禮也不貪為寶僕之心也主賓各盡其道而無愧焉斯足矣不恭之

愆固所難避賴高明亮察之因叅贊徐居正送別
将還専此奉達居正有文學乃王所信任者而遣
以相陪周旋日久則王所以厚斯文之意豈淺哉
臨楮未罄所懐惟希珍愛王又遣叅判李克墩等
追送至鴨緑江餽順等貂裘一襲順等復以書辭
書曰奉別以来瞻戀弗置沿途蒙遣官問候款待
有加僕從而下無不霑恵慈抵鴨江而叅判李克
墩承吉郷聴巳先至此所以迎勞宴餞有恪無懈
者皆王之盛心也不意行間承吉復以来命出貂

裘見遺則似乎不甚見知者豈謂前日區區之弗受餽贐為虛偽耶不然何寓舘之辭已畢而千里之贈復来也昔晏嬰一狐裘三十年君子不以為陋僕雖至愚未嘗不賢哲是效茲焉衣一敝裘猶未及三十年之久其肯舍舊貪新以易吾心耶況物有盡而情無窮則所以感王之深者文在情不在物也用是再辭行忙草率不宣王得書喜二使廉介為建却金亭

祁順游漢江記曰朝鮮國城南十里許有水曰

漢江源出五臺金剛二山合流入海其景以幽勝聞而臨江有樓可以登眺故前輩自中朝至者咸往遊焉成化丙申春二月余與行人司副張廷玉奉使于斯甫竣事有以游漢江請者諾之是月二十有六日偕館伴盧贊成思慎徐叅賛正自崇禮門出歷山蹊村逕以達江滸國王預遣都承旨栁輕副承旨任士洪設宴樓上而尹議政子雲金議政守溫任中樞元濬成中樞任李判書承召皆在焉時宿雨新霽山川明媚

天光與水色相連二難與四美兼得於是登樓縱觀舉酒相酬徐叅賛賦詩二律余即和之既而相拉登舟沿流西下居人来觀者奔走爭先而沙禽野鳥飛舞漁舟煙水間亦若樂覩光華徘徊不忍去也宴設舟中烹鱗炙鹿暢飲無算酒酣余復作辭二章詩一律廷玉有作又和之數里至楊花渡乃各道餫餉所聚之處倉廩層出與山勢相高文數里登龍頭山山瞰水涯視群峯特出隔岸之人家遠近海島之風帆出沒

畢入望中時日迫暮而山上先已供張開筵意不容拒乃俊酌数巡賦詩一律而返又抵城中更漏作矣嗟夫朝鮮去中國数千里非王事不得至馬則漢江之遊非偶然耳然斯遊豈特探奇覧勝留連詩酒而已哉江之南隽白濟也百濟之東古新羅也而熊津都府又唐之遺址也訪其跡思其時盖有不勝懐古者矣余念斯遊之不可常而恐其或忘也於是乎記之

祁順北征藁序曰詩之道大矣古今異世而詩

無間也中外異域而詩無别也盖道之著者爲文文之成音者爲詩人有不同而同此心心有不同而同此道道同則形之言者無往而不同矣苟不于此求之而屑屑焉古今中外之較豈知言哉此余于朝鮮徐剛中之詩所以有取焉耳朝鮮以文獻雄東方詩派相傳夙有攸自逮際

皇明氣化丕隆聲教淪浹能言之士尤彬彬乎視昔有加剛中博古通經擢巍科躋顯仕文學優贍

國人咸推重之天順庚辰奉其主命入覲于朝往還幾八千里上觀乎都城之宏壯宮闕之崇麗車書文物之會同禮樂典章之明備下則觀乎山川之高深道途之脩迥民風土俗之熙皞鳥獸草木之咸若凡其接於目觸于心者悉于詩發焉長篇短章渢渢乎其美盛也淵淵乎其有本也浩浩乎其不可窮也推其所至與中國之能聲詩者殊不相遠等而上之雖古人亦豈難及哉是固所謂心同道同而形之言者無不

同也昔陳良北學于中國北方學者未能或之
先是以孟氏稱為豪傑而其名至于今不泯然
則剛中其東韓之豪傑歟余承
天子命来朝鮮適剛中為遠迎使既又陪于舘中送
于鴨江之上相與凢四浹旬山川風物倡酬殆
遍用是益信其能也剛中以余有斯文之雅出
其北征藁請言序之余忝使職正思采東人之
詠以觀所志而獻之于
上則于斯集豈能忘情耶庸為序其篇端俾人知詩

道之所同然抑有以見聖朝文明之化所極者遠而所感者深也剛中名居正仕其國今為議政府左參贊云初中朝使臣彼國陪臣往來出入皆從遼東連山關一名鴉鶻關也十六年朝鮮使臣至京者奏言每遣使來被女直建州夷人邀刼於路請改貢道自遼陽之南徑趨廣寧前屯衛入山海關中官有朝鮮人為之地者事下兵部議將從之職方郎中劉大夏執不可曰朝鮮貢道自鴉鶻關趨遼陽過廣寧又過前屯而後入山海迂回四三鎮戍此

祖宗徵意今若渡鴨緑江越遼陽徑趨前屯以入關則路太徑恐貽他日之憂遂不果從

孝宗敬皇帝弘治七年朝鮮屬夷有輸米其國而覆舟於海者夷賴得夜半無死漂抵依巖都（海中地名）巡海官軍舟過遇之載入浙境事聞於朝命給衣糧送至遼東示以歸路夷自陳即歸本國運米既失將不能自明罪必死詔遣通事一人伴送歸國仍勑國王赦其罪毋行歛罰國王感恩聽命

武宗毅皇帝正德元年命侍讀徐穆頒詔朝鮮

年國王娎卒謚康靖𤦺後不知幾子憕嗣位踰年
而病風其世子顒先卒憕以國遜其弟懌二年懌
襲封十五年封子峼為世子
世宗肅皇帝嘉靖改元遣翰林修撰唐皐宣諭朝鮮
以親藩入繼大統之意皐字守之歙縣人家貧力
學博洽群書下筆數千言立就而氣槩英邁自為
博士弟子當道即以公輔期之正德甲戌廷對第
一及使朝鮮歸日視行囊惟一硯投之鴨緑江中
又皐未第時每褏身衣麒袍面前列瓜鍾一對未

常以語人廷試後有報其中探花者曰不止此也既而報爲榜眼亦曰不止此也及臚傳果首擢有詰其故乃以夢告盖及第後黃盖金瓜送歸第者狀元也皋官侍讀尋卒而出使外國賜服一品其麟袍之驗如此云

楊慎送皋使朝鮮詩曰玉馬朝周封壤舊青雲一品瑞圖來鳳凰樓上星辰動鴨緑江邊霧雨開王會千年耀簡竹皇恩萬里被蒿萊張騫漫作尋源使陸賈虛當絶國才　又前徐穆出使

絲四表裏就着成洗昌歲云其餘從人押解等項
人員着禮部查例加賞中林等二名都察院擬罪
来説王漾等八名押送回藉賊級發去寧波府地
方梟令　初高麗人張欽隨伴至京淨身入内正
德中為太監及
上即位以有推戴之功擢為司禮監又勅加禄米二
十六石廕其弟姪一人為錦衣衛世襲指揮同知
至是欽奏稱臣一向公出未曾受廕且臣原係朝
鮮國人並無親人只有義男李恭乞将前恩項受

以圖補報
上從之給事中安盤疏曰昔漢陶公主爲其子求郎
明帝不許而止賜以錢夫公主之與内竪孰親公
主之子與内竪之奴孰貴郎官與指揮孰尊明帝
不肯即其女之子而
陛下乃指揮内竪之蒼頭可乎況欽本出朝鮮今朝
鮮使臣見餮舘驛必將語其人曰欽吾人也其奴
尚衣金紫躋三品地本國之人可知矣啓外夷輕
視本朝之心乞將前命停止

上不從　初舒芬以翰林修撰謫調福建市舶司提舉夷人至者撫處得宜俱感其德舒芬以憂去朝鮮長史金天爵等送之至泣下後舒起復改除別官芬上言夷人雖不知禮義然亦易感臣前提舉市舶當其離任朝鮮諸夷墮淚相送臣願仍補前官為

陛下導揚恩意招來各國以彰王者無外之仁不允其請　四年朝鮮國遣陪臣鄭允謙通事金利錫等與天方國使人偕至朝貢居會同舘舊例夷使

除貢物外携有番貨或欲易中國什物俱禮部主
客司出給告示許令出館買賣三日提督本館主
事陳邦偁查執舊規凡遇出館買賣給與木牌責
差館夫伴押金利錫等不便乃告於禮部尚書席
書書命寬其禁邦偁不得已將木牌更為紙牌金
利錫等與通事人員私相交通且結權臣為内主
有輕藐主客司意欲自行出館貿易陳邦偁詈之
曰這些砍頭狗奴爾雖上奏恩典在朝廷守法在
我我難輕易縱放通事夏麟聞之遂潛傳於各夷

金剌錫俱忿與夏麟曰我雖小邦亦無此欺心臣子文本舘主事陳九川先將天方國貢玉選退頗多夷人乃入朝跪奏通事胡士紳遂許疏九川侵匿貢玉邦彌刁難貨易俱詔獄後九川謫戍邦彌為民詳具天方國傳中

十三年朝鮮國使臣蘇洗讓等呈稱竊照本國粗識禮儀至誠事大朝廷待遇有同内服凡本國使臣到京自行出入不見防範迤至于今百有餘年敬謹彌篤別無違異弘治十三年五月有會同舘安歇女直早哈殺死一舦夷人

兵部奉
聖旨備由出榜曉諭朝貢夷人着令在館不許出入
并本國一體防禁後有提督陳主事迫束愈嚴乂
莫伸省貽此因循遠人慕義之望殊用缺然所以
區區陳瀆不能自默者豈是意在買賣以圖復舊
哉其拘閑與否亦非有他虧益秖以一視之仁罔
有内外使之觀游無間光瞻禮儀考質文物薰炙
遷化大有開益此實敦懷柔之至德將事大之盡
誠俾我遐服永荷寵靈綿歷萬世與之匹休爾在

先本國使臣人等入貢到京常飭下人務令循庢猶恐或有非違十分畏謹即目禁制之嚴比前尤甚在館防閑有似囚繫非唯有違舊行之規恐非眔朝優待之意伏乞照依舊例許自出入以示
聖朝優容之典不勝幸甚禮部尚書夏言疏曰看得
朝鮮國使臣頗閑禮儀委與他處夷使不同
朝廷自來待遇以禮出入禁防具有舊例所據蘇洗讓等具呈前事相應議處其呈稱欲行觀遊無間
光瞻禮儀考質文物薰炙遷化固見其仰慕上國

之誠但遠人言服既殊易權國禁亦須曲爲之處合候命下每五日一次許令該國正使及書狀官人等出舘於附近市衢觀游本部仍劄付空閒通事一員陪侍出入以示禮待防衞之意其隨從人役仍行照前拘禁不許擅自出入庶幾不拂遠人之情不廢中國之法詔從之

按朝鮮使臣例于國子監等處聽令謁拜于一應貨買聽其自便所以優待者已與各夷不同後因夷人多生事端始行約束在成化六年朝

鮮陪臣權堿等赴京詔今後不許無故往来街
市于是通行拘禁鎖閉舘門遇有公幹只許通
事刻期出入着令舘夫帶牌管押此謹微之意
今蘇洗讓之請皆我舘伴教之也是時主事張
鏊鑒前陳邦偁之事而曲意從之關防蕩矣

十五年　皇子誕生是爲哀冲太子命修撰龔用卿給事
中吳希孟頒詔朝鮮國王率文武百官生儒郊迎
至勤政殿行開讀禮訖宴于太平舘國王執禮甚
恭因言及其祖非係李仁人之後會典所書弑王

氏四君之事已經累次奏准改正迄今尚未改朝夕營心未嘗忘也用卿等曰此子孫不敢誣其祖父之心不失為孝若果非宜其後禮當奏聞酒數行別去已而連日筵宴致詞敬勞俱感天朝厚恩無敢顛越之意多不能載其王之賢而有禮如此

龔用卿朝鮮太平館詩曰削壁凌空玉筍尖溪頭和露草纖纖候迎鼓吹崇新典奔走村氓聳具瞻筵上日秋雲毋飯盤中時有水晶鹽滿囊風月助歸興郤信平生也自廉　贈國王詩曰

摠符久已鎮東藩忠孝承家作屏翰國度尚存
周禮樂人文猶守漢衣冠中林不復歌鴻鴈在
野無聞誦考槃
聖主恩光元不淺冊心常許傍長安　贈諸問候陪
臣詩曰國相諸官遠候迎更兼館伴巳多情賢
藩戀闕葵心切
聖王數恩晝日傾情逝百川歸火海皇懸列宿拱前
星朝鮮秉禮由來舊應識箕疇道教聲
十七年仲冬朔日恭上

皇天太號於南郊明年仲春乃冊
皇太子正位東宮仍命翰林院侍讀華察工科左給
事中薛廷寵充正副使頒詔下三河趨薊門遵山
海放於平壤東渡江歷義州諸州以四月十日抵
漢城王乃親率邦大夫士肅誠郊迓擁詔入勤政
殿宣讀拜舞禮成而退
薛廷寵遊平壤記曰平壤本箕子故都唐以前
高麗居之漢武帝置樂浪郡唐高宗建都護府
蓋皆是地勝槩古蹟視他郡獨多余偕鴻山太

史東渡江次平壤問譯者曰此有文廟箕子檀君東明王諸祠何在盍先諸曰館之西稍北崇岡廣坡松木欝陰中為文廟右祠箕子左祠檀君東明爾亟謁之將至樹石交逕弟子員序次道右衿裾俊楚乃入廟展拜登堂四顧雖廟制弗稱要皆備物為位而不像恊新制矣出坐講堂學官率弟子揖見畢遂謁箕子新扁舊揭胥中朝鉅公題詠前有碑亭其國之大夫所叙復謁檀君東明時向夕矣去登練光亭亭在城上

臨大同江蘇贊相世讓金觀察麟孫治具以俟
張侯於城外江滸從官牧守而下整容引滿自
上射之矢無虛拾且容卽比於禮樂足觀德矣
下城登風月樓樓囬視城中四面蒼秀下為池
種荷畜魚時荷未花逼暮乃就邸明日濟江舟
皆彩繪結茅為亭浮空乘碧指點江皐約以歸
時畢之四月上旬也不逾月歸次生陽值牡丹
盛開太史邀余玩乂之譯者曰趣往登江上浮
碧樓遂馳馬去未至江餘十里夾道榆柳積翠

成林溪光瀠流微見蒼莽間比至舟已待渡棧而上望樓登焉時蘇金二君在行吏曹成判書世胄亦以奉命祖宴至艤陰浮艅水光山色揺晃几席周視樓臺城郭如在畫中前二水夾流草廬參差於洲渚野蔓蒙茸樹花簇剌譯者曰此為綾羅島遠望江北岸湧一小坡廣可容席譯者曰此為酒巖有酒流出其下余詫其幻因憶謫仙酒泉之說以為或有云又有白銀灘清流激湍輝光映帶其後則錦綉山牡丹峯皆取

其肖城東垣依壁而立障遏洪濤實為德巖時復隔江張射引繩貫箭拾矢而上成判書以反命先別去余輩覩射乂之乙密臺在城内相傳為乙密先生遺蹟弗及至其餘如麒麟窟挹灝樓井田遺制未到者尚多暝雨數點下趣入城明晨即館内登快哉亭遠山長江一谿幽眺出城不數里謁箕子墓封樹而不墳石碑二尺陋甚譯者曰不敢易其故爾前一小堂為有司展祀之所群山環合林木蔽翳風颯吹衣悽然有

弔古懷忠之感因為詞弔之余惟朝鮮越在海外非遘休會奉使命不得至者余兹遊豈偶哉記之他日取而視焉庶幾髣髴其景光其諸未盡以俟來者訪焉凡此詩文只見本國山川形勝故録為後使考非徒取其華藻而已也

華察遊漢江記曰嘉靖己亥春予與都諫薛君萃軒奉使朝鮮未至聞所謂鴨緑江者已竊歆之及渡見其限隔華夷湫然巨浸義州諸山迤邐東岸以為朝鮮之勝盡在是矣譯者曰未也

行數百里有江曰大定遠帶清川近映曉星嶺
危亭上控嘉山在望以為朝鮮之勝盡在是矣
譯者曰未也及數百里有江曰大同洪濤接天
橫浸平壤樓觀浮碧亭涵練白牡丹諸峰下瞰
江滸以為朝鮮之勝盡在是矣譯者曰亦未也
必也其漢江乎予曰漢江惡乎勝曰朝鮮自箕
子始封凡幾易世矣舊都平壤若干年徙而之
開城又若干年徙而之漢城都漢城復若干年
矣迄於今未之有改也此其勝可知已予曰噫

有是哉比至漢城四日國王遣其陪臣議政而下若干人請遊馬予與都諫君忻然遂往肩輿出西門折而南路入山谿松林石徑悠然成趣行二十里絶壁臨江其勢如削上有危樓高可百尺躡級以登恍入霄漢楣間有題曰朝鮮第一江山予謂譯者曰疇昔之言其謂是歟於是憑軒指顧盡得其所以為勝者江之流西自鴨緑東入於海環繞國中歷數千里至漢城匯為巨浸設險守國恃以為固所謂長江天塹庶幾

有馬漁船賈舶晝夜往來八道轉輸上供國賦莫不由之南望江岸津亭歷歷平沙遠岫極目無際寔生平一大觀也時尚午議政諸君張樂設宴以待國王復遣承旨來候起居餽酒饌於是就坐諸君更起進酒不覺移日既而放舟遊所謂楊花渡者舟狀如亭上覆重茅下布紋席棟梁榱桷丹青炳耀四面皆敞懸以素幕予謂諸君曰江南畫船如屋乃今屋作船耶行數里西風漸急舟不能進予搴帷視之則見南山在

前北岳在後龍山擁雲映帶左右鼇頭諸峰起伏萬狀宛然如畫予曰即此足矣奚必楊花渡哉乃弭楫中流令人吹洞簫復扣舷而歌之時既薄暮日輪墜紅霞綵散綺魚鳥浮沉天光上下相與縱觀不覺神怡志曠寵辱盡忘凛乎若乘雲御風不知天地之廖廓古今之長永也把酒臨風劃然長嘯以為岳陽洞庭殆不是過乃援筆大書扁其樓曰東藩勝槩復為詩四章以紀其勝既而回首西望則水雲烟樹隔絕萬里

瞻戀闕庭得無有媢茲之心乎朝鮮東方非中原之地而田野治風俗和百姓安業海不揚波聖化所及無間遐邇太平之盛於斯驗之矣我聖天子得無有日中之憂乎范仲淹曰居江湖之遠則憂其君夫居江湖其憂已殷而况去中國蹈四海之外能恝然乎哉乃顧謂都諫君曰樂不可極可以已矣遂舍舟從陸乘月而還既就舍館徬徨所謂太平樓者秉燭夜坐相與確時政定國是考四方之風議軍國之急感激切至言

不殫意江山之勝盡忘之矣乃愀然拂席而起
束裝待旦促駕出漢城
薛廷寵遊二山記曰渡鴨緑江而東過安城十
餘里有山曰葱秀成化間圭峰董學士来作記
與葱秀相望對峙為翠屏山舊未有名
皇帝十有六年雲岡龔學士来始定今名為之記今
二記並入碑刻在亭上云余偕潙山學士至安
城其日雨意不得遊葱秀比至則輕陰含晴蘇
賛相世讓孔觀察瑞麟業已設幕水次余二人

登亭靡碑讀記乃下就步至溪新雨初漲滾滾有聲編籬為罶畜魚其中吐沫揚鬐游泳可數山脚一巖鑱泉出焉渡以蒿橋近巖覆以沙茅泉流暗穿巳呼酒坐仰視層崖懸壁松蘿掩映烟靄飛流恨不得一躡磴臨眺而朱旂繞山油幢蔽野從士千餘人色笑相語須臾獵騎緣崖人聲撼谷放鷹走狗曳獐獻雉燒蠣漉酌皆循故事為樂明堂翠屏山相距數里峯巒雄勝竟不能一至北六下悵然東去未幾竣事歸天氣朗

清風物佳秀治具作樂如前而山水若增奇者余二人步出亭後平巒廣坡度其地可宅進譯者語曰寶山安城二舘相距伊邇盍兩廢之舘於此收二山之勝使繼来得常遊遊不俟設幕停車忽忽去也且翠屏以不在道左卒無至者自龔學士始異而名之倘舘成至者踵接矣譯者唯唯告賛相云賛相俞之余嘗遊武夷泛西湖南下姑蘇登虎丘山望太湖北渡楊子江觀金蕉周遊齊魯燕晋之間所至名山勝地無不

得遊然皆有亭臺寺觀故得以廣覽諦探使葱秀翠屏間得一館必有緣崖布景鑿磴梯巖高視遠矚以盡形勝不亦幸歟廢興數也遇不遇時也雖山川亦然葱秀以董重翠屏以龔顯遇矣使此館興則亦二山之遇何如哉余記之以俟且以驗山川之時數云

異日國王燕二使於慶會樓樓壯麗雄勝亭臺池沼花卉奇植靡所不具燕之日風和景明雍容周旋百禮式洽

薛廷寵燕慶會樓賦曰皇建極大一統兮際海
邦罔不承服嗣
列聖之廣猷兮抑神明又超獨端榷古道兮兼作述
謂
皇帝天之子兮天稱皇羲斯弗拂爰上
太號告圜丘兮玉冊昭其有燭帝錫洪佑震位良兮
前星繼曜而重光肆建儲以奠大本兮慰屬望
於群方監國撫軍稽厥常兮臣民翕而頌揚倖
夏啓與周誦兮占億萬祀有道之長阮尊天享

帝兮鴻業熙其燕昌道有大而無外兮慶有衍而必彰奎文龍檢燦炳炳兮使者分道而肅將維朝鮮軌文而蹐化兮恩湛濊以無疆伊余遣此休會兮羗簡命而趨蹌祗承德意徂兹東兮駪攬轡而彷徨屬春月之載陽兮泉隰華而煌煌余戒青龍使先導兮飭仙子俾杭旌星軺駕而信邁兮兼長雲而遐征朝余發乎冀之野兮暮弭節乎灤之濱既涉遼以泝鷲兮又逾江而問津矯萬里而翱翔兮斯至止於漢城龍旗法

伏敬竢迎兮草木渥而輝榮王逡巡跪而展誦
兮爰敷播於臣民爾乃普惠蠲賦兮亦論德而
序升萬情感悅兮瞻儀告成三光效順兮天日
朗清海邦丕式兮帝心載寧既饗獻兮就余館
之太平曰慶會有樓兮以樂嘉賓卜辰治幕兮
椒蘭欝而芬馨朱闌玳梁敞四楹兮羽觴流而
絃簧陳軫紫庭之多麗兮冠佩者至二千人嵬
比嶽之拱極兮包彌雲岫而列屏銀河瀉而為
沼兮洵洸璧而浮金虹為梁以環碧兮卉木錯

而擢英積雲左右以傅彩兮霞表裒而媚睛絢
練恍惚百恠潛兮勢晦明而無恒林藪錦以吸
翠兮翕鳥逝韻而皆鳴鮮余紛而好覽兮遵亭
榭以怡心余既畢物而暢性兮陽烏逝而西沈
何掩映橫余前兮倏流電而飛星乍穿秋而衝
漢兮復越葬而墜庭為烟為霧兮如雷如霆縕
樂事之弗可極兮余吁抑志而言旋周章皇惑
類憂寐兮豈神遊乎九天彼乘槎不可信兮余
固真遇乎列仙蓮宮璠寶歸而莫可想憶兮聊

寄萬一於簡篇余將返命於上帝兮謂余羽化而霄騫衆詑余之詭幻兮而詎知其亶然亂曰明明日月照海隅兮有赫綸音御星車兮合情廣志東人愉兮式讌以遨我心舒兮觀風聽樂余有思兮曷歸乎余躊躇兮固髣髴而疑迷余遊於蓬萊之廬兮

又廷寵紀行詩曰九連城曉瞻東服鴨緑江明照使袍風日正逢春色好烟波應助勝遊豪群飛鷗鷺驚舟楫兩岸旌旗代鼓鼙萬里均霑新

雨露前星高焰動謳謡右鴨綠江

春風簫鼓上樓船萬里孤城落日邊冊闕龍亭迎鳳詔羽旗仙仗擁鵷聯文章箕範通中土禮樂天朝盛近年郵第從容燈燭夕不妨蹤跡更飄然次義順館

披髮當年意獨深遜荒無奈綱疇湮道如有待傳皇極事已難田白此心殷室三仁昭定論東方八教振遐音興亡不盡前朝恨卅拜芳祠酒一斝謁箕子廟

練光亭下大同江落日江頭放釣艭翠嶺倒流
還疊疊黃鸝隔岸自雙雙光搖河漢来浮棟[illegible]
隠然龍欲動密林館樓臺多氣色天涯猶見此[illegible]

名邦 登練光亭

乗槎應到武陵来幾樹桃花向此開便作長安
遊上苑更疑王母下瑶臺露凝殘滴流朱粉日
照晴光映絳腮對景且憑詩句賞莫教空恨染
青苔 生陽館見桃花用韻

獨上高樓倚曉闌前山踈雨颺輕寒波光淡蕩

魚天入樹色瀰漾帶霧看幾處亭臺須品勝群
公暇日稱鳴鑾歸時趂得晴明候便擬凌空一
振翰 齊安館曉登廣遠樓微雨次雲岡韻
學士當年氣作河流通異域亦東坡巍巍華揭
懸山館烟烟精靈照太阿菰米漂雲饒惠飯臨
津鼓楫稱湖歌從前跨鶴真来此多少詩章爛
綺羅 東坡館次龍津省長韻
凉幕高遊聚廣臺晴空萬里絕氛埃江風不動
雲初卷岸積綫沉潮正来烟景恍疑天上坐野

輒恰似畫中。開殊方勝會真難料潦倒須傾一

百杯遊漢江次

雲岡韻

華察廷寵復命後其國王緝所遺詩文為皇華集

刊成遣使謝

恩携贈二使

皇華集序曰洪惟天朝掃除腥穢再造區宇

列聖相繼治化洋溢今

皇帝至德應天丕承大寳一視同仁罔間内外仁恩

汪穢文運泰亨於是乃命□儒碩士崇論雅議

講求千古之墜典特舉一代之盛禮躬詣圜丘
拜上
昊上帝泰號躬詣太廟獻
皇祖皇考聖號遂渙發綸音大誥天下又因群情預
定國本播諭萬方嗚呼盛哉至此而敬天尊
祖報答生成情文備至蔑以加矣惟我獘邦密邇東
漸之化至誠事大侯度罔佚朝廷之待我亦無
異内服凡有吉慶詔誥之使必擇文章道義有
重望者遣之今者

帝命翰林院侍讀華公察工科左給事中薛公廷寵
賫擎二詔來布德意東人仰之如景星儀鳳深
感朝廷寵綏之惠二公受命不遑寧處夙懷靡
及自帝京至於下國三千有餘里而甫浹三旬
竣事旋東不曾有遲留淹滞之色我殿下祗承
二詔兢惶感戴推恩境内宥罪錫爵設科取士
無非所以重朝廷之慶而欽使華之至意也二
公既去而惜不可留思慕備至而不可忘也則
乃命臣曰令我皇明天覆地載兼容並包懷生

之類無不浸潤至澤我東實偏寵私天語丁寧錫賚駢蕃二公之来誠意惇厚禮儀雍容道途吟味珠璣溢目區區小邦無以仰荅鴻造之萬一欲編二公寶唾之餘刊印垂後俾吾東人得覩皇朝風雅之盛而有所矜式於無窮也爾其序之臣竊惟詩之道尚矣夫詩者發於性情關於氣化氣化隆則從而隆儉則從而儉紆餘雄渾平淡典雅者治世之音也刻峭輕浮華蕩靡麗者衰世之音也能得其性情之正而發為雅

頌之音者三百篇是已二公當氣化之盛禀山嶽之英得學問慱雅之美發而為詩頌刻数千言而無不典雅自中規矱可以笙鏞乎治道可以黼黻乎皇猷可以列於皇朝制作之盛而周家之風雅不獨專美於往古也臣以不材濫蒙恩命奔走迎送獻酬於樽爼之間者至於三四耳其語音目其容儀温潤純粹楫讓周旋無不中禮信乎樂只君子邦家之光而皇朝文物之盛人材之衆從可知也何幸身親見之嘉靖十

八年巳亥夏六月下澣資憲大夫吏曹判書兼知春秋館同知書筵成均館事弘文館提學世子左賓客五衛都督府都總管臣成世昌謹序

二十五年朝鮮恭僖王卒世子襲封亦卒使来告哀恭僖王即名懌者世子即峼也上遣行人王鶴往諭祭是為榮靖王鶴所經歷輙為詩章世子命陪臣鄭士龍以下悉和之亦編成皇華集梓行於國明年謝恩使至并以其集遺謝鶴焉國王峘嗣涪之子也三十六年封子顥清為世子

王鶴湖陰草堂序曰

天子二十五年予以行人奉使朝鮮湖陰鄭大夫士龍以嗣王命迎於江上其返也復充遠送使以行次平壤共濟大同江覧山河之美余為嘆賞者久之湖陰假譯者進曰大人其有意於山川乎山川固士龍願也龍世家宜寧頗饒山水有山名九龍螺峙左右下俯大江名曰鼎津凝注碧玉澄徹可鑑異樹奇花游魚啼鳥無間於四時固東南勝地也龍嘗築屋其中貯古圖畫琴

書以為休棲之所迺緣國恩甚厚思所以致身者未能固未果於退也余聞而嘉之曰君子哉湖陰大夫乎不溺情於廊廟而江湖其心不先其身而急於國家此古賢者立身行道之大節大夫能之是可以愧獨善而無義徇人而不知耻者也聞大夫為宰相矣秉國鈞而總百官矣況其國有新君正更化以善治時也大夫勉之其以至誠格君心以協恭率同寅以靖共勵庶僚以彙征拔士類以淳龎敦風俗以精明起治

功從容談笑以成光明之業然後以爵禄歸國家以匡濟付後人始休其身於九龍禺津之間怡吾神入吾廬展吾書而讀之曰吾庶幾不媿於聖賢之道乎上不負其君下不負其民乎鼓吾琴曰庶幾樂虞舜之道解民之愠而不愧於南風乎登吾山覽群峰之環峙曰吾庶幾重厚不遷而無愧於仁乎臨吾江鑑吾水曰吾庶幾周流不滯而無惡於智乎覩四時草木鳥獸鱗介之自得曰吾庶幾樂太和之元氣而萬物各

得其所如此乎是向之所以急於國家者盡臣
道而今之所以優游者順天和也昔人有言先
天下之憂而憂後天下之樂而樂大夫勉之譯
者得予命以告湖陰既致謝且請銘其齋余曰
其湖陰草堂乎軒冕之上可以壯麗名山林隱
遁之士草堂其宜也余家關中有屋終南山麓
嘗自扁曰薇田草堂蓋種薇以自給之意也自
明
天子恩未能圖報萬一不敢有閑暇之念而亦豈能

志情於終南也哉大夫之志與予同其以是名之何如譯者再復湖陰敬再謝遂大書其扁以歸

皇華集詩曰漢江萬里壯東藩放舸中流鼓角喧四座冠裳来國士一時笑語出方言清樽引浪浮春蟻長笛吹風肅暮猿况是陽和行海外蒼苔烟樹滿郊園右遊漢江詩

文星昨夜照東藩蹔許真遊避俗喧勝閣鶩霞[illegible]堪入詠輞川山水謾傳言江空正好撑浮鷁風

急還愁聽嘯猿喜共仙舟拚一醉驚看旌節責
丘園　陪臣崔寅和
觧纜臨浮渡杯盤坐小舟青山明野樹碧水泛
沙鷗掉向中流鼓帆當泊岸妝今朝風日好不
減漢江遊　泛臨津江右鶴詩
臨津何必問駐節是仙舟烟帶沙邊樹風迴水
面鷗笑談情不淺詩酒興難妝絕域萍蓬會無
忘此日遊　陪臣李滐和
畫閣開華燕雕簷列絳紗金尊春駐綠瑤燭夜

生花滄海升新月明河散晚霞詩成還縱酒吟
眺北辰斜燕廣遠樓右鶴詩
能賦諸公後篇章盡護紗賞音来有數綴景筆
生花高會更華燭嚴程趂爛霞接裀慚不分深
爵斗横斜陪臣鄭士龍和
帆動拂晴霞樓船蕩兩涯試看江裏棹疑是海
邊槎氷鮮魚吹浪風和鶴聚沙春思同逝水何
處是京華泛大同江右鶴詩
天晴散綺霞烟水杳津涯野日明雕節江風送

晚槎清尊饒興緒高眺豁雲沙留得邦人語仙
標見使華　陪臣鄭士龍和
亭勢與雲平烟光接漢城明霞恣遠眺好鳥弄
新晴江静饒魚唱山空響狖聲斯遊足笑傲穹
復嘆浮萍　登練光亭右鶴詩
江波際野平虹纜跨層城仙侶来擕賞天宫故
餉晴日分簾額影風遞棹謳聲共酌仍薰德何
如食楚萍　陪臣鄭士龍和
危樓登遠岑形勝俯郊坰縹緲雲中樹微茫沙

上亭江光呑碧落山勢跨滄溟水國天涯遠[illegible]

樣憶濁涇登浮碧樓右鶴詩

移尊繞罷亭騁目遠窮坰不謂交歡地番成送

客亭頽光堪繼燭鈌月未升溟雅與通遐賤無

勞討渭涇陪臣鄭士龍和

旭日明朱檻登臨見物華嵐光雙島嶼烟火萬

人家江柳俱含翠山桃盡吐花浮雲生遠岫還

似鳳樓霞登快哉亭右鶴詩

撥忙登快閣無處不春華形勝開重塹歌鍾助

故家樓明通海日寒峭落江花安得淹仙馭芳
尊醉九霞　陪臣鄭士龍和
商運式微日先生隱忍時當年須有見後世豈
能知教澤東人祖書疇周武師瞻依終萬古駐
馬薦清卮　謁箕子墓右鶴詩
堂封當道左使節駐移時授聖書猶在佯狂意
孰知三仁雖異迹萬古尚同師黄卷曾相對爭
如一奠卮　陪臣鄭士龍和
尊俎勞元輔關河憶遠程逶迤山不盡蕩漾水

還平四海斯文契百年吾道情忍令江上別悵
望一帆輕別郭士龍右鶴詩
按祁順奉使歸獻使東稿弘治初學士董越奉
使歸作朝鮮賦自餘使者國初至今無慮數十
人著述繁多然考瓊臺集有送儒臣使朝鮮安
南二詩其結句皆云好為
聖朝全大體篇章珍重莫輕傳丘公之意是或一道
亦不可不知也
皇華集後序曰惟東方不吊於天今

皇帝二十三年我恭僖王奄棄臣民越明年榮靖王
受誥命嗣位在疚成疾又繼逝
帝為震悼迺命別選廷臣賜祭若賻謚行人司行人
王公鶴定膺是命其入我國道途往來之間戀
闕思親即景寓事動其所思璣琲瑟瑟散落東
土及其竣事而還我殿下欽
天子之寵而無以答愛詔使之賢而不可留則迺命
臣鄭士龍曰爾既陪侍王公且得酬和於下風
爾宜撰次其詩若文俾入於梓又命臣申光漢

序其卷首此不但使東人有所矜式將以留傳中國盛行於天下而臣不佞且非文材安能稱道雅詩以副盛旨哉臣竊惟詩之教大矣孟子曰王者之迹熄而詩亡詩亡然後春秋作所謂詩亡者非詩之亡也詩之教亡也夫詩者根於人之性情而發之於言者無不正性情不正則思從而邪其言烏得而正哉古昔盛時聖人在上以身為教直温寬栗操得其中然後天下之言無不發於正而詩者又言之精華也可以永

其聲可以諧八音可以和神人於是乎聖王之能事畢矣自周衰而来斯教亡矣故吾夫子删定三百篇善悪俱記非但欲止懲創善悪而已有王者作将以見天下政教之得失民心之邪正而其施為變移之難易必於是而得之詩教之有關於世道乃如是夫欽惟皇明濟區宇於純曵之日續道統於沉涸之餘積德累仁教道大振内賛典謨外敷文命代有其人而我東土素秉禮義巒於至道常先於萬國使節相望無

非大雅之君子其文光華彩前後相映為皇華集者凡一十有二篇間以我東人酬和之什寔如周雅之後商魯二頌載焉無非發於性情之正而舉皆知道者之所為也由是言之皇明文教之暨遠雖周亦有所不及矣弟恨東人無禄連遭國憂徒以煢煢戀戀之懷發之於疾棘之日曷足以賛大雅之製作然觀民風者若并以採録則亦可以見皇明達詩教於天下嗚呼盛哉朝鮮國陪臣申光漢撰

四十三年朝鮮貢使至國王上疏言本國世係已
非李仁人後乞請改正以洗祖宗簒奪之耻
上從之詔禮部將續修大明會典改紀其國統賜之
隆慶改元
上命給事中魏時亮行人許天琦頒詔其國國王遣
陪臣丁應斗朝賀應斗將回患病
上命禮部遣醫胗治免其謝辭大率朝鮮附近中土
聲名文物日寖有斐不類於夷國家復加優禮錫
賚瀕渥他蕃不敢望焉故安南嘗請如朝鮮例給

袞冕而
英宗不允則其被
聖明之隆遇為四鄰之仰慕可知已故在國初或懷
反側今乃恪守㢋服蓋亦感恩無替耳
按別誌曾曾傳載洪武初曾為禮部主事常忠
武王甍高麗来祭曾閱其文外襲以金龍黃帕
內不書國號曾責曰龍帕疑汝誤用若納貢稱
藩不奉正朔何名若臣使者伏謝觀此則當時
大臣有故朝鮮亦至同㑭今則無是禮矣蓋初

猶臣叛不常其来也惟任本國之意今奉藩無貳其来也一遵天朝之制如周家内服群辟會同不敢後期云

其國置八道分統府州郡縣有開城漢城定遠諸府有黄州靈州鐵州朔州龍州殷州宣州延州郭州洪州全州廣州清州慱州諸州有嘉山土山諸郡有安岳三和龍岡咸從江西諸縣有王城國城平壤城其設官銜名義與職合近年官制可見者曰議政府領議政事左議政即中國之宰相也曰

六曹判書參判即中國之尚書侍郎也曰承政院
都承旨即中國之都御史也曰成均舘大司成奉
常院僉正即中國之祭酒太常卿也其餘各道觀
察使府留守即中國之按察使知府也士尚聲律
三歲一試有進士諸科亦同中國其俗自箕子施
八條之約乃邑無淫盜柔謹成風
按别誌載洪武中高麗來朝賜宴樂作使者以
國喪辭翰林編修趙壎曰小國之喪不廢大國
之禮

上乃不許辭夫壎之議固得天朝居尊之大體而使者之辭亦不失人臣在彼之正法朝鮮素秉禮教有箕子謨範之遺化於此可見矣（壎新喻人）

國人戴折風巾服大袖衫形如弁士加插二羽貴者紫羅為之服婦人裙襦加襈公會衣服皆錦繡金銀為飾常服皆苧麻俗多遊女夜則男女羣聚為戲相悅即昏無財聘禮（漢書北史高句麗傳）死者三年殯葬父母夫服喪三年兄弟三月既葬以死者服玩車馬至墓側會葬者爭取之病不服藥好祀鬼神

悪殺崇釋以十月祭天多山火田國無私産計口受業無秋以秔為酒貿易用米布器用銅形貌潔淨知文字喜讀書飲食用俎豆官吏閑威儀兵器踈簡強弩大刀刑無慘酷之科惟元悪及駡父毋者斬餘皆杖肋死罪貸流諸島累赦視重輕原之

其山曰神嵩（開城）其川曰海（國東西南皆濵海東清澄下視十丈）曰鴨緑江（國城西北自鞨靺長白山南入海天塹）其勝諸島嶼苫（小於嶼而有草木）嶕（如苫嶼而其質純石）其産金銀鐵石燈盞（紅白二色）水晶鹽紬苧布（黑白二色）白硾紙狼尾筆滿花席（草性柔折槢屈不損）

扇[編竹為骨以多為貴]黄漆[樹似椶六月取汁漆物如金]果下馬[高三尺果下可乘]長尾鷄[尾長三尺]蜂蜜貂豽獐鹿皮海豹皮八蛸魚蠣房龜腳竹蛤海藻昆布秔[可為酒]黍麻麥松[二種惟五葉者結子]人參茯苓硫黄白附子榛子黎栗核桃橘梅竹茶牡丹其貢金銀器皿各色苧布細花席人參豹皮黄尾筆白綿紙種馬[每三年五十疋]其里東西南瀕海北隣女直西北至鴨緑江東西二千南北四千至京師三千五百里南京四千里

按天子有道守在四夷則諸蕃雖地有遠近情

有順逆正朔有及不及而凡我行人轍跡曾至者皆因其俗以昭國家一統之盛其間有他官奉使固為一時之選而亦多原任行人者無乃以其咨諏有素可不辱命歟亦並列之庶我儕後日有不測之遣其典故可考也至若各國沿革聘答之外使職所資者大畧有三曰道里曰風俗曰物產昔劉敞使契丹虜人自古北口回曲千餘里至柳河敞問曰松亭路直而近不數日可至中京何不道彼盖虜故以險遠誇使

者且謂莫習其山川不虞敝之問也相與驚顧羞婗其道里之當稽有如此者西域尚佛事僧我朝因封蕃僧為王俾詔諭其衆無不率從又

國初時高麗未服

聖祖遺一諜瞷其王之冠制而為之以給諸内侍（今太監官帽是也）因指謂其使曰汝王之首飾與此曹同耳觀其冠可知也令此曹日供朕使令而汝王猶崛强抗朕何耶使者歸告之遂舉國降是皆因俗善導之畧其風俗之當考有如此者又聞

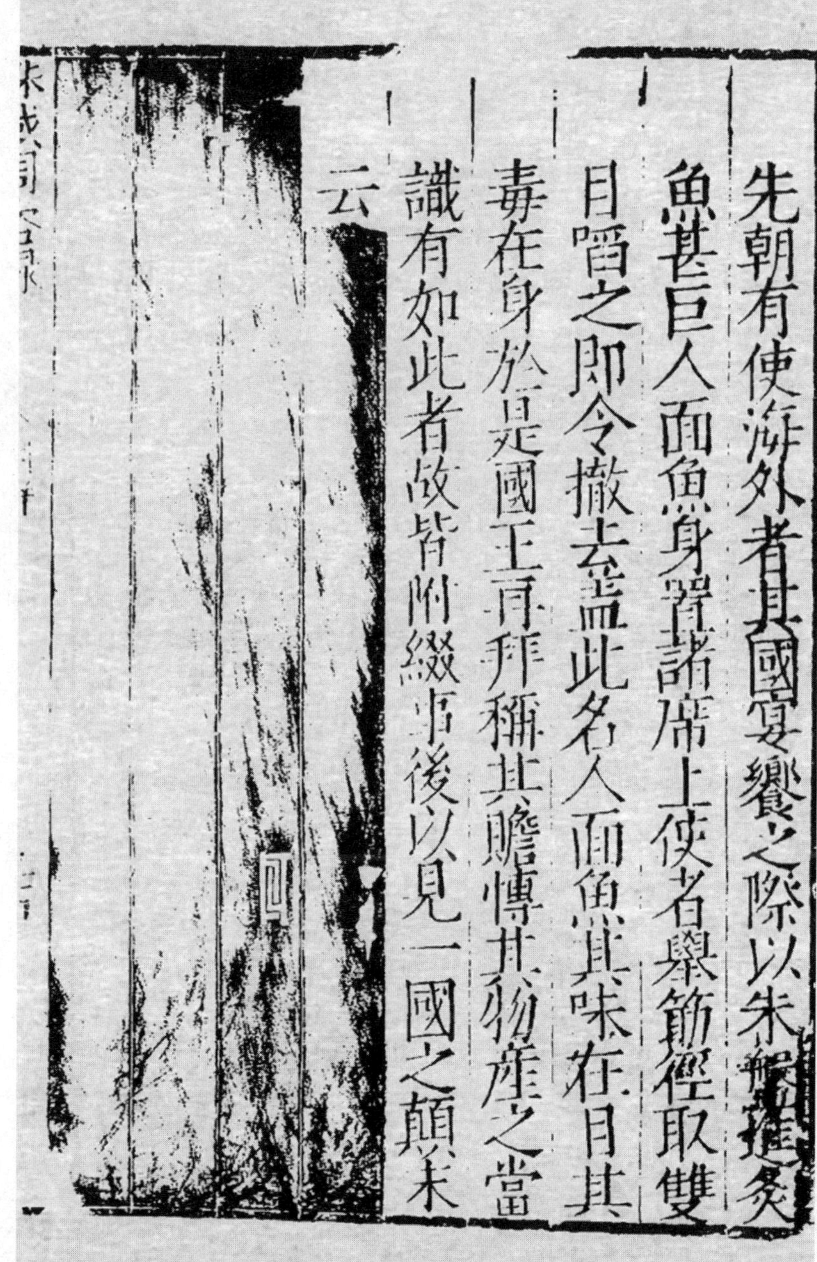

先朝有使海外者其國宴饗之際以朱盤進炙魚甚巨人面魚身背諸席上使者舉筯徑取雙目啗之即令撤去蓋此名人面魚其味在目其毒在身於是國王再拜稱其瞻博其物產之當識有如此者故皆附綴于後以見一國之顛末云

殊域周咨録卷之二

皇明行人司行人刑科右給事中嘉禾嚴從簡輯

東夷

日本國

日本國其地在海中三面環水惟東北隅隔大山山外皆島夷不通中國者名毛人文身等國前代號倭奴國其酋世世以王為姓秦時遣方士徐福将童男女千人入海求蓬萊仙不得懼誅止夷澶二州號秦王國屬倭奴故中國總呼之曰徐倭云非日本

姓號也漢武帝滅朝鮮使驛通於漢者三十許國

皆稱王其大倭王居邪馬臺亦謂之耶摩維光武

中元二年始来貢獻至桓靈時國亂無主有一女

子名卑彌呼者年長不嫁人以妖術惑衆共立之

為主法甚嚴峻在位數年死其宗男嗣國人不服

更相誅殺復立卑彌呼宗女壹與國遂定時稱女

王國後復立男王並受中國爵命歷魏晋宋齊梁

陳皆来貢無犯邉之事隋大業初遣使入貢致國

書曰日出處天子致書日沒處天子無恙煬帝覧

之不悅後其國稍習夏音唐咸亨初惡倭名自以其國近日所出更號日本或云日本乃別一小國為倭所併故冒其號貞元中其使有願留中國受經肄業者久之附新羅使者入貢後新羅路梗始由海道至明州宋雍熙後累朝皆至熙寧以後至者皆僧也元世祖遣使招諭之不至命范文虎率兵十萬徃擊之至五龍山忽暴風破舟敗績終元世不復至

本朝初連寇山東濵海州郡洪武二年遣行人楊載

賚璽書往報即位書曰上帝好生惡不仁者向者我中國自趙宋失馭北夷得據之播故俗以腥羶中土華風不兢凡百有心孰不興憤自辛卯以來中原擾擾彼倭來寇山東不過乘胡元之衰耳朕本中國之舊家恥前王之辱興師振旅掃蕩胡番宵衣旰食垂二十年自去歲以來殄絕北夷以主中國惟四夷未報間者山東來奏倭兵數寇海邊生離人妻子損害物命故脩書特報正統之事兼諭倭兵越海之由詔書到日如臣則奉表來庭不

臣則脩兵自固永安境土以應天休如必為寇賊
朕當命舟師揚帆諸島捕絶其徒直抵其國縛其
王豈不代天伐不仁者哉惟王圖之其國猶未嚮
化通好　是年倭寇復出没海島中數侵掠蘇州
崇明殺傷居民刼奪貨財沿海皆受其患太倉衛
守禦指揮僉事翁德帥官軍出海捕之遇於海門
之上幇及其未陣麾众衝擊之所殺不可勝計生
獲數百人得其兵器海舟奏至詔以德有功陞本
衛指揮副使其官校賞綺帛白金有差戰溺死者

加賜錢布米仍命德往捕未盡倭寇遣使祭東海神曰予受命上穹為中國主惟圖乂民罔敢怠荒蠢彼倭夷屢肆刼寇濵海州郡實被其殃命將統率舟師揚帆海島乘機征剿以靖邉民特俻牲醴用告神知德被命復往捕之倭寇皆畏懼不復出

沿海邉寧　四年

上以日本未廷乃遣趙秩宣諭秩泛海至折本崖入其境關者拒弗納秩以書達其王源良懷王乃延秩入秩諭以中國威德而詔旨有責讓其不臣中

國語王曰吾國雖僻在扶桑未嘗不慕中國之化
惟蒙古以戎狄涖華夏而以小國視我我先王曰
我夷彼亦夷乃欲臣妾我耶且其使趙姓者訹我
以好語初不知其覘國也既而所領水軍數十艘
巳環列海崖賴天地之靈一時風雷漂覆幾盡自
是不與通者數十年今天使亦姓趙豈昔蒙古使
者之雲仍乎亦將訹我以好語而襲我也命左右
將刃之秩不為動徐曰今
聖天子神聖文武明燭八表生於華夏而帝華夏非

蒙古比我為使者非蒙古使者後爾若悖逆不吾信即先殺我則爾之禍亦不旋踵矣我朝之兵天兵也無不一當百我朝之戰艦雖蒙古戈船百不當其一況天命所在人孰能違況我朝以禮懷爾豈與蒙古之襲爾國者比耶於是其王氣沮下堂延秩禮遇有加遣其臣僧祖来隨秩来朝進表箋貢馬及方物　五年倭復寇邊海上不寧

上謂劉基曰東夷固非北胡心腹之患猶蚊虻警寤自覺不寧議其俗尚禪教宜選高僧說其歸順遂

命明州天寧寺僧祖闡南京瓦罐僧無逸往諭將
行天界住持四明宗泐賦詩餞別持獻於朝瓦罐寺名
上覽俯賜和之
泐詩曰帝德廣如天聖化無遠邇重譯海外國
貢獻日皆委維彼日本王獨遣沙門至寶刀與
名馬用致臣服意
天子鑒其衷復命重乃事由彼尚佛乘亦以僧為使
仲猷闡知心宗無逸寫經義二師當此任才力
有餘地朝辭閶闔門夕宿鮫川涘鉅艦揚獨帆

長風天萬里鯢鯨不敢驕馮夷效驅使滄茫熊
峙山一髮青雲際王臣聞招徠郊迎大欣喜時
則揚
帝命次乃談佛理中國師法尊遠人所崇禮視茲將
命行孰有重於此海天渺無涯相念情何已去
去善自持顧言慎終始
御和詩曰嘗聞古帝王同仁無遐邇蠻貊盡來賓我
今使臣委仲猷通洪玄倭夷當徃至諭善化囟
人不負西來意遄僧使遠方毋得多生事入為

佛弟子出為我朝使跡重浦泉徑勿失君臣義此行飛瀚海一去萬里地既辭釋迦門白日宿海渼艨艟掛飛帆天風駕萬里平心勿憂驚自然天之使休問海茫茫直是尋根際諸彼佛放光倭民大欣喜行止必端方毋失經之理入國有齋時齋畢還施禮是法皆平等語言休彼此盡善凶頑心了畢綏方已歸来為拂塵見終又見始

闡等自滃州啓棹五日至其國境又踰月入王都

館於洛陽西山精舍一遵
聖訓敷演正教聽者聳愕以為中華禪伯亟白於王
請主天龍禪寺乃夢窻國師道塲名刹也闡等以無
上命辭之為宣國家威德罔間內外且申所以来使
之意王悅且表遣使隨闡等入貢
按宗泐台州人博通古今凡經書過目輒成誦
善為詞章住持京師天界寺
上一日幸寺見其動止異常命蓄髮授官固辭
上不欲奪其志從之賜宗泐免官說嘗奉詔註心經

金剛楞伽三經有全室集行世時又有僧來復字見心豫章人通儒術工詩文一時名士皆與之交與泐齊名

上聞召見之嘗承賜御食謝詩云淇園花雨曉吹香手援袈裟近御床闕下彩雲生雉尾座中紅拂動龍光金盤蘇合来殊域玉盌醍醐出上方稠疊濫承天上賜自慙無德頌陶唐

上見詩大怒曰汝詩用殊字是謂我為歹朱耶又言無德頌陶唐是謂朕無德不若陶唐也何物奸

僧敢大膽如此遂誅之所著有蒲庵集夫宗泐詩呈而蒙和来復詩呈而受戮是固有命存焉而祖闡無逸宣化海外能格戎心又可見異端之中亦有乘槎應星之彦論者謂國初高僧泐復為首予則謂闡逸秉節懷遠不辱君命勝於兒斬水犀十萬多矣戒行弘勲又當出泐從之上也

德慶侯廖永忠上言曰臣竊觀倭夷鼠伏海島因風之便以肆侵掠其来如奔狼其去若驚鳥来或

莫知去不易捕臣請令廣洋江陰橫海水軍四衛添造多櫓快船命將領之無事則緣海巡徼以備不虞有事則大船薄之快船逐之彼欲為寇豈可得乎今之八槳船乃因其製為之者

上從其計　七年倭人復寇邊命靖海侯吳禎往捕遇賊琉球大洋悉俘其衆以歸是歲後復貢無表文其臣號征夷將軍者亦私貢馬及茶布刀扇等物且奉書丞相詞悖

上怒却其貢安置所遣沙門於川陝僧寺　八年日

本又遣僧如瑤入貢陳情飾非
上待之如前命禮部移文責其君臣既又遣使臣歸
廷用入貢有表文詔宴賚之遣還是時丞相胡惟
庸謀不軌欲召倭人為己用而無由乘此機白於
上調金吾衛指揮林賢於明州備倭陰遣宣使陳得
中諭賢送歸廷用出境誣指其貢船為寇聞於中
書私其貨物與賞賜賢聽其計惟庸佯奏賢失遠
人心謫居倭國既而復請宥賢復職
上皆從之惟庸以廬州人李旺充宣使召賢且以密

書奉倭王借精兵百餘人為用王許之賢還王遣僧如瑤率倭兵四百餘人助惟庸詐稱入貢獻巨燭暗置火藥兵器於燭内包藏禍心比至惟庸已敗

上猶未悉賢通於惟庸僅殺倭人雲南守禦

按史載

聖祖嘗與劉基論宰相曰胡惟庸何如基曰此小犢将僨轅而破犂矣

聖祖不以然惟庸恨基用藥毒基死而後果擅政横

行不惟順指在廷諸臣且計結遠夷助逆醴泉之觀使非雲奇挺身告變聖祖亦幾墮其術中矣嗚呼危哉惟庸謀逆誑言所居井湧醴泉邀上往觀惟庸居第近西華門守門內史雲奇知其謀乘輿將西出奇走衝蹕道勒馬銜言狀氣方勃舌駃不能達意上怒其不敬左右撾捶亂下奇垂斃右臂將折猶尚指惟庸第弗為痛縮上方悟登城眺察則見滿第內裹甲伏屏帷間數匝上亟反遣兵圍其第誅之召雲奇死矣上深悼之追封右少監賜葬鍾山

基初封誠意伯爵止終身至是始思其先見詔世襲馬林賢

後在洪武二十年事覺論謀反爲從滅其族夫
倭奴自來匪茹難化而易叛故
聖祖晚年絶其朝貢亦有懲於惟庸之事耳前車不
遠其尚鑒於兹哉予謂
聖祖之英明遠能照臨四夷而近不能檢制一相青
田之玄筭大能贊决萬軍而小不能保全一身
語曰寸有所長尺有所短詎不信夫
上常惡倭國狡頑遣將責其不恭示以欲征之意倭
王上表荅出不遜語表曰臣聞三王立極五帝禪

宗惟中華而有主豈夷狄而無君乾坤浩蕩非一主之獨權宇宙寬洪作諸邦以分守蓋天下者乃天下之天下非一人之天下也臣居遠弱之倭偏小之國城池不滿六十封疆不足三千尚存知足之心故知足者常足也今

陛下作中華之主為萬乘之君城池數千餘座封疆百萬餘里猶有不足之心常起滅絕之意天發殺機移星換宿地發殺機龍蛇起陸人發殺機天地反覆堯舜有德四海來賓湯武施仁八方奉貢臣

聞
陛下有興戰之策小邦有禦敵之圖論文有孔孟道
德之文章論武有孫吳韜畧之兵法又聞
陛下選股肱之將起竭力之兵來侵臣境水澤之地
山海之洲是以水來七擁將至兵迎豈肯跪塗而
奉之乎順之未必其生逆之未必其死相逢於賀
蘭山前聊以博戲有何懼哉倘若君勝臣輸且滿
上國之意設若臣勝君輸反作小邦之耻自古講
和為上罷戰為强免生靈之塗炭救黎庶之艱辛

年年進奉於上國歲歲稱臣為弱倭今遣使臣荅黒麻敬詣冊墀臣誠惶誠懼稽首頓首謹具表以

聞

按别史載

上嘗問倭使嗒哩嘛哈其國風俗何如荅以詩曰國比中原國人同上國人衣冠唐制度禮樂漢君臣銀甕蒭新酒金刀膾錦鱗年年二三月桃李一般春

上初欲罪其謾徐賛之覩此詩及前表則倭奴特

險遠不可以朝鮮各藩禮待之明矣又奚必許
其通貢以啓窺伺之端哉
日本復連歲寇淛東西邊
上欲討之懲元軍覆溺之患乃包容不較姑絕其貢
著於
祖訓　二十八年命信國公湯和緣海相地築城備
倭和嘗以年高思歸故鄉從容乞骸骨
上喜之賜鈔五萬俾造第鳳陽因謂和曰日本小蠻
屢擾東海鄉雖老强為朕行視要地築城增戍以

固守備和行海上自山東登萊至廣東雷廉築數十城民三丁抽一屯戍備之尤嚴下海通番之禁

按和初為滁陽王部曲

上之始起兵也和率先推戴聽命惟謹

上深愛之屢立戰功封信國公恩禮特異至是鳳陽新第成和率妻子謝降勅褒嘉賜黃金三百兩白銀一千兩文綺四十端夫人胡氏亦賜黃金三百兩白銀一千兩彩段三十端預為塋葬之資後卒親為文以祭追封東甌王謚襄武塑像

功臣廟復配享
太廟焉然當時沿海經畧之宜自和一出規制頗審使守之弗失自可摧倭奴之入也惜承平日久法度廢弛嘉靖癸丑蜃氣扇焔肇於兩浙蔓於各省和之孫有名克寛者衆謂其祖有功海防特調用之尋能樹立擢陞叅將而求其實效有愧前烈多矣噫安得起和於九京而與之籌倭備哉
永樂二年對馬臺岐諸島夷刼掠邊境

上命行人潘賜捧勅往諭國王源道義捕之國王甲
辭納款謝約束不謹出兵殲其衆獻渠魁二十人
於闕下賜田進歸化書及永樂大典頌
上覽之稱善命入史館陞禮部郎中命倭使携取獻
俘還海濱治以其國之法倭使乃於鄞縣蕭皋碶
築灶以甑加其上俾一人入甑内一人執爨盡蒸
而死倭使歸勅奬國王甚隆給以勘合百道定約
十年一貢人止二百船止二艘毋得夾帶刀鎗如
違例越貢並以寇論仍命僉都御史俞士吉賫白

金綵幣并海舟二賜之又封其國之主山為壽安
鎮國之山勒碑其上
上親製文曰朕惟麗天而長久者日月之光華麗地
而長久者山川之流峙麗於兩間而永久者賢人
君子之令名也朕
皇考太祖聖神文武欽明啓運俊德成功統天大孝
高皇帝知周八極而納天地於範圍道貫百王而
亘古今之紘紀恩施一視而溥民物之亨嘉日月
星辰無逆其行江河山岳無易其位賢人善俗萬

國同風表表茲世固千萬年之嘉會也朕承鴻業
享有福慶極所覆載咸造在廷周爰咨詢深用嘉
嘆邇者對馬臺岐暨諸小島有盜潛伏時出寇掠
爾源道義能服朕命咸殄滅之屹為保障誓心朝
廷海東之國未有賢於日本者也朕嘗稽古唐虞
之世五長廸功渠搜即叙成周之隆髳微盧濮率
遏亂畧光華簡冊傳誦至今以爾道義方之是大
有光於前哲者日本王之有源道義又自古以來
未之有也朕惟繼唐虞之治舉封山之典特命日

本之鎮山號壽安鎮國之山鑴以銘詩勒之貞石

禁示於千萬世是時禮遇彼倭者如此終莫肯革

心　明年平江伯陳瑄督領海運值倭寇於沙島

追至朝鮮島盡焚其舟斬獲無筭

按陳建謂國初海運之行不獨便於漕綱實令

将士習於海道以防倭寇自會通河成而海運

廢近日倭寇縱横海兵脆怯莫之敢攖亦以運

道不習之故耳此則言海運之當復者也然給

事中錢薇著論唐宋無海運故倭奴之脩貢也

勤元為海運倭奴刼掠運舟故其為寇也繁我洪武北伐亦為海運以濟永樂中海運凡十三舉行給遼東等處惟我運於海故彼寇於海宣德以来倭患遂少盖運從內河而寇無所利故耳此不足見罷海運之功哉二說各有所見故並存之

八年國王源道義死命大監雷春鴻臚少卿潘賜往行吊祭禮即前行人後又寇廣東廉州府破其城殺教授王翰　九年

上遣中官王進等往日本收買物貨倭人謀阻進不使歸進覺之潛登舶從他路而返　十年國王具方物謝弔祭恩　十九年犯遼東馬雄島總兵劉江殲其衆於望海窩初江至遼東巡視諸邊相地形勢得金州衛金線島西北望海窩者其地極高可望諸島為瀕海咽喉之地築城堡立煙墩以便瞭望既完一日瞭者言東南夜舉火有光江度倭寇將至急調馬步官軍赴窩上小堡備之命都指揮徐剛伏兵山下百户姜隆帥壯士潛燒賊船截

其歸路與之約曰旗舉伏起砲鳴奮擊不用命者軍法從事翼日倭寇二千餘乘海艘直趨窩下登岸一賊貌甚醜惡揮刃率衆而前江帷犒師秣馬畧不為意既而賊至江被髮舉旗鳴砲伏起賊衆大敗死者横仆草莽餘寇奔櫻桃園空堡内将士皆奮勇請入勦殺不許特開西門以縱之出仍命師分兩翼夾擊生擒数百人斬首千餘間有潜脫入艘者悉為隆等所縛無一人得脫凱還将士請曰明公見寇意思安閑臨陣作真武被髮狀追賊

入堡不殺而縱之出何也江曰寇始遠来必饑且勞我以逸待勞以飽待饑固禦敵之道也賊始魚貫而来作長蛇陣我故為真武形以厭伏之雖愚士人之耳目亦可以壯兵氣賊入堡若急攻之必死戰我故縱其生路此圍師必闕之意也兵法皆有之顧諸君未察耳自國初禦倭數十年来無如此役之大捷江以功封為廣寧伯食禄二千石子孫世襲将士有功者賞賚有差倭又嘗寇金山衛登岸指揮同知侯端與主帥分兵出戰主帥出南

門軍覆端以孤軍馳東門衆不能繼與賊巷戰數十合身被箭如蝟轉戰益奮賊驚曰好將軍也乃以所掠染家布橫於街欲生致之端以一劍挑布一劍截而斷之賊仆地而笑端由是得出東門次於楊家橋鳴鼓招散卒得百人適潮退舟膠下令人持草一束與砲俱進至海灘焚賊船十餘艘賊不得歸遂大敗之

端有膂力府治前石狻猊高四五尺端以一手挽之行十餘步策馬過坊門交手攀楣以足挾

其馬而懸之騎射刀槊皆過人故能立功端巷戰時一劍忽墜地所乘馬口嚙以授端其異如此江驥士卒紀律有恩信所向無敵凡諸夷款塞者綏輯備至後卒人咸思之諡忠武

宣德元年又入貢踰制

朝廷申增格例人毋過三百船毋過三艘時有言浙江海鹽縣地臨海岸每有倭寇窺伺軍衛陞置烟墩水備戰船瞭望遊巡繞保無虞永樂七年盡拘軍船赴沈家門立水砦以守撤去烟墩倭寇乘虛連年縱掠水砦相去海鹽千里不能救援民甚苦

之請如洪武舊制事下兵部移文巡撫大理卿胡槩與三司計其可否處行得復舊　正統四年五月倭船四十餘艘夜入大嵩港襲破千戶所城轉破昌國衛城大殺掠而去備倭官以失機被刑者大小三十六人惟爵谿所官兵擒獲一賊首名畢善慶誅之浙江僉事陶成之功也　七年倭船九艘使千餘入貢朝廷責其越禁姑容之迷失二倭使普福於樂清縣沙嵩蘇嶺獲解

普福被獲興懷詩曰来遊上國看中原細嚼青

松咽冷泉慈毋在堂年八十孤兒為客路三千
心依北闕浮雲外身在西山返照邊處處朱門
花柳巷不知何日是歸年
景泰六年倭寇建跳官軍守備不得入　天順二
年復遣使貢　成化二年偽稱入貢寇大嵩諸處
官兵因潮落夜圍其舟寇設詐以燈懸於篙尾卓
之沙上官兵望見以為檣燈達曙不移比曉舟已
乘潮遁去臺閫大臣俱坐失機獲罪　十一年復
遣使周瑞入貢勅諭倭王宜守宣德中事例倫倭

閫帥欲報前耻乃於送倭使出境之時金鼓聲中隨以砲銃倭船被擊沉於海自是畧知畏憚十三年日本復遣使入貢厥吉士鄞人楊守陳貽書主客郎中欲請絕之書曰倭奴僻在海島其俗狙詐而狼貪自唐以至近代甞為中國疥癬矣國初洪武間来貢不恪朝廷既正其罪後絕不與通著之為訓至永樂初始復来貢往来數數知我中國虛實山川險易因肆奸譎時拏舟載其方物戎器出没海道以窺伺我得間則張其戎器而肆侵畧

不得間則陳其方物而稱朝貢侵暴則擄民財朝貢則需國賜間有得不得而利無不得其計之狡如是也宣德中來不得間乃復稱貢朝廷不知其狡許其至京宴賞豐渥綑載而歸則已墮其計矣正統中來而得間乃入桃渚犯我大嵩劫倉庾燔室廬賊殺蒸庶積骸流血如陵谷縛嬰兒於柱沃之沸湯視其啼號以為笑樂捕得孕婦則計其孕之男女剔視以賭酒荒淫穢惡殆有不可言者吾民之少壯與其粟帛席捲而歸巢穴城野蕭條過

者隕涕於是朝廷下備倭之詔命重師守要地增城堡謹斥堠修戰艦合浙東諸衛官軍分番防備而兵威振於海表肆七八年間邉氓安堵而倭奴潛伏罔敢喘焉兹者天牖其衷復來窺伺而我兵懷夙昔之憤幸其自來送死皆瞋目礪刃欲食其肉而寢處其皮彼不得間乃復稱貢而我帥遂從其請以達於朝是將復墮其計矣今朝廷未納其貢而吾鄞先罹其擾矣民稼穡為之舍館浚民脂膏為之飯食勞民筋力為之役使防禦晝號而夕

呼十徵而九歛雖鷄犬不得寧焉而彼且縱肆無道強市物貨善謔婦女貂璫不之制藩憲不之問郡縣莫敢誰何民既譁然不寧矣若復詔至京師則所過之處其有不譁然復如吾鄞者乎且其所貢刀扇之屬非時所急價不滿千而所為糜國用獘民生以過厚之者一則欲得其向化之心一則欲弭其侵邉之患也今其狡計如愚前所陳則非向化者矣受其貢亦侵無可疑者矣昔西旅貢獒召公猶致戒於君越裳獻白雉周公猶避讓不敢

受漢通康居罽賓隋通高昌伊吾皆不免乎君子之議況今倭奴最我讐敵而於搆釁之餘復敢懷其狙詐狼貪之心施其奸計以罔我其罪不勝誅矣復可與之通乎然彼以貢獻為名既入我境而遂誅之則類於殺降不武不義若從而納其所貢則中其奸計盜招其玩侮又不可謂智取一而損十得虛而費實又不可謂計輕所恃以待無用俾其不兵甲而驕不水旱而窘又不可謂仁有一於斯皆非王者之道也竊以為宜降明詔數其不恭

之罪亦以不殺之仁歸其貢獻而驅之出境申命海道帥臣益嚴守備俟其從來則草薙而禽獮之俾無噍類若是則奸謀狡計破沮不行若日之所照月之所臨物莫能遁故天下咸知朝廷之明貢獻不納貨賄之貪雖有遠方珍怪之物無所用之故天下咸知朝廷之廉自江浙以達京畿數千里之民舉不識輸運之勞不知徵歛之苦父哺其子夫煦其妻而優游以衣食故天下咸知朝廷之仁裔夷知吾國有禮義而不敢侮奸宄知吾國有謀

畝而不敢發桴皷不鳴金革不試故天下咸知朝廷之威舉一事而衆善備焉斯與勞民費國而幸蠻夷之服者萬不侔矣守陳不忍民之罹殃而慮國之納侮故敢布之下執事冀採擇以聞禮部不果從

按守陳後至吏部右侍郎卒謚文懿性恬淡官五品十有六年泊然自處未嘗求進權幸有重其賢欲援之者使所親喻意守陳謝却之私謂其人曰吾元發婦也守節三十年今老矣豈白

首而改節印當被命教內監教成多去為近侍與守陳同事者率因之取寵貴而守陳獨無所資籍士論多之令觀此書鑿鑿正論洞燭倭情使當時肯奏行之豈有今日擾亂之禍哉噫

大率其國奉使得利往往各道爭先受遣正德四年南海道刺史右京兆大夫細川髙國強請勘合遣宋素卿源永春入貢素卿鄞人朱縞也宋字似朱素卿義縞之先因父喪無倚遊蕩學歌唱弘治九年間倭使湯四五郎以貝至鄞見縞秀惠善歌相與情密其

叔朱澄又為牙人與縞各市湯四五郎刀扇負其價值弘治十年迺遁將縞塡還湯四五郎之逋携歸倭國詐稱天朝宗室國王以女納縞為壻官拜綱司至是偽充正使來澄識之不敢見隨至蘇州閶門混作伴送人役至縞船上相認後事發應論按夷重典時內臣劉瑾專橫迺厚賂之瑾謂澄已自首縞係夷使請原其罪從之縞貢畢乞賜祀孔子儀註廷議不許　六年西海道刺史左京兆大夫大內藝興復請勘合遣省佐入貢　嘉靖二年各道爭

貢國主源義植嗣位幼冲勢不能制大内藝興遣
使宗設謙道細川高國遣瑞佐宋素卿交貢舟泊
寧波港互相詆毁素卿重賄監市舶中官頼恩宴
坐宗設之上其貢船後至頼恩復先與檢發宗設
等積忿遂為亂欲殺素卿追抵紹興城下官兵備
禦不得逞還寧波執指揮袁進越關遁去備倭都
指揮劉錦追至海上戰歿巡按御史歐珠奏稱五
月初一日有先到夷人擁入收藏方物東庫搶出
盔甲刀鎗各行披執自靈橋門外循城奔至和義

門将後到夷人宋素卿人船燒燬及殺在岸夷人一十二名素卿等以該府衛遣避地名青田湖出城約有十餘里宗設等趕至紹興城下口稱還我宋素卿次日将宋素卿等移入府城會審據各稱西海路多羅氏義興者原係日本國所轄向無進貢我等朝獻必由西海經過被将正德年間勘合奪去今本國只得将弘治年間勘合由南海路起呈至寧波因我說出怪恨被殺會同鎮守太監梁瑶議得遠夷入貢禮應柔待今宗設等因怪素卿

許其詐僞遂行讐殺若終待以常禮許其入貢不
加譴責不以威示則犬羊腥膻愈肆縱横終無悔
禍之期除再加撫處及撥官軍防禦禁外乞勅該部
會官詳議
按太監賴恩受素卿賂賄浙江參政鄧錫副使許完
都指揮江洪俱懼失事之愆多匿其實故疏詞
多左右素卿耳
後得
旨宗設免究素卿無别情罪責令回國宣布天朝威

德令國王嚴束夷酋畏天保國并查須降勘合是否宗設奪去今次朝貢果差何人務見真偽待後該貢年分具本回奏以憑議處河南道御史熊蘭疏曰訪得宋素卿原本華人叛入夷狄先年差來進貢已經敗露時則逆瑾當權陰納黃金之賄遂逃赤族之誅國法未行人心未厭今乃藉例入貢大起釁端跡其罪惡雖死猶不足以容之也參照海道副使張芹市舶太監賴恩與同府衛掌印巡海等官禁令不申守備不設既不能善處以息其

争又不能預謀以防其變分守叅政朱鳴陽分巡副使許完各有地方之責俱懐觀望之私以致蠻夷公行刼殺把關管海指揮千百户等官任夷人出入往来未有能攔截防禦者指揮袁璡承委白陷其身推官髙濂越墻以避其鋒凡其侵掠之地若履無人之境按法原情通合查究除倫倭同知劉錦被殺外乞各正典刑一以為蠻夷猾夏者之戒一以為備禦不嚴者之懲然臣等竊有議焉夫倭奴僻居東海其俗狙詐其性狼貪自唐以至近

代已嘗為中國患國初洪武年間許其來貢後因
交通奸臣胡惟庸我
太祖既正其罪絶不與通復載於祖訓着為令典今
皇上踐祚之初復有入貢之請跡若涉於忠誠心實
懷夫欺詐故朝廷未受其貢而淅民先罹其殃乞
特降明詔數其不恭之罪示以薄伐之威絶其朝
貢之請申命海道帥臣益嚴偹禦俟其復來則草
薙而禽獮之保國裕民之方居中制外之道無有
過於此者矣禮科都給事中張翀疏曰參照副使

張彦市泊太監賴恩叅政朱鳴陽都指揮張浩等
均承委任便樂因循議處未定而令素卿之盤船
慢藏啓窺瞰之奸逆狀已形而听宗設之謝罪當
面其愚弄之術避地觀望恣賊縱横策未展於一
籌禍幾延於兩浙合應據法查究創艾後來及照
日本國蕞爾海夷利覦中夏先年使者肆為不道
荷我明
天子仁聖曲賜優容茲以讐殺殘我内地謂宜檄諸
夷之甲興問罪之師但釁起使人國王無罪且其

國與朝鮮琉球諸夷俱係不征之列伏望僉行淮浙閩廣鎮巡等官凡沿海要害去處如遇前項夷船到彼就便督發官軍併力截殺仍行浙江鎮巡等官將見獲夷黨并宋素卿譯審明白取問罪犯緣宋素卿係先年潛通外夷人數重賂逆瑾脫網生還宗設人衆俱係從逆賊徒罪在不赦通合置之典刑以昭天朝之法以嚴夷夏之防昔漢之英君誼辟或棄珠崖或謝西陲況倭奴詭譎情態具有明驗若更許其通貢是利彼尺寸之微損我丘

山之重其於
皇祖垂訓之意不無背馳尤望絶約閉關未斷其朝
貢之途毋徙獘所恃以事無用其一應誤事人員
并死事地方作急備查奏請大明賞罰以示懲勸
毋得通同隱蔽又訪得寧波紹興等處有一種無
賴潛從外夷引誘作奸如宋素卿者寔繁有徒合
行出給榜文張掛曉諭遇有前項無賴蹤跡可疑
許隣里首告官府不時覺察即便擒拏家屬從重
究治庶幾中國之勢常尊外夷之侮少禦初宗設

追宋素卿不及還把總指揮欲率兵追擊謀於新
建伯王守仁守仁曰歸師莫追當縱其出而拒其
入把截要害使来無所獲退無所資疲卧舟中於
是取之兵不血刃矣既而倭果疲卧為暴風漂入
朝鮮境被朝鮮斬首三十生擒中林望古多羅二
人朝鮮國王李懌表獻於朝
上命浙江鎮巡官將素卿事從實研審回奏後復勅
差給事中一員前去訪察查勘其事兵科右給事
中夏言疏曰宗設謙道所領倭夷不滿百十餘人

而寧紹兩郡軍民何啻百萬今乃任彼兇殘肆意
攻掠蹂躪城郭破壞閭閻殺死都司方面貿屬指
揮貽國大耻事出非常再照宋素卿本朝叛賊激
成宗設之變訪聞宗設倭船先到而盤貨在後素
卿倭船後到而盤貨獲先宗設内已不平及市舶
太監置酒命坐又以宗設席次抑置賊首若不明
正典刑梟示海濵則將来射利效尤之徒習為謀
叛伏望將朝鮮國執獻賊倭中林望古多羅二名
押發浙江觧赴欽差官處令與宋素卿對鞫前項

搆釁緣由及伊國差遣先後并勘合真僞来歷處治又倭夷入貢往往為邉方州郡之害我
聖祖灼見其情故痛絶之於山東淮浙閩廣沿海去處多設衛所以為備禦後復委都指揮一員統其屬衛摘撥官軍以備倭為名操習戰船時出海道嚴加隄備近年又增設海道兵備副使一員專督可謂防範周且密矣是以數十年来彼知我有備不復犯邉柰何邇来事久而弊法玩而弛前項備倭衙門官員徒擁虚名畧無實效寧波係倭夷常

年入貢之路法制尚存猶且敗事其諸沿海去處因襲日久廢弛尤甚合無選差官員領勅前去由山東循淮陽歷浙達閩以極於廣會同巡撫官員按部備倭衙門親歷海道地方查㸃原設官軍閲視舊額墩堡盤驗見在兵器官軍缺乏者即與撥補墩堡圮壞者即與修築兵器朽鈍者即與換給官員之不才者即與易置法制之未備者即與區畫庶使海防嚴謹中土奠安嘗覩本朝禮部侍郎楊守陳家藏文集亦常惓惓以倭夷變詐皃霅不

當與之通好乞勅下勳戚文武大臣詳加會議并照宗設犯華之罪不可使之竟脫天誅乞通勅沿海各處備倭衙門整搠官兵修理戰船習占風候時出海洋嘹捕務俾罪人斯得國威以伸兵部尚書金獻民議謂備倭衙門地方久處承平武備盡已廢弛相應依擬差官閱視但恐前項地方廣濶週廻萬里一人顧理不周本部欲使移咨都察院揀選歷練老成御史二員各請勅一道分定地方一員自山東直抵淮楊蘇松一員自福建直抵廣

東各沿海地方其浙江就令差去給事中勅內該
載整理各分投親詣沿海一帶閱視
上命各官失事等情着差去給事中上緊前去會同
清軍御史用心訪察查勘明白分別等第并究各
夷致亂根因進貢真僞沿海一帶邊備不必差官
只着各該撫按督併海道備倭并守巡等官嚴加
隄備閱視整頓不許怠玩刑科給事中張逵疏稱
浙江寧紹台温杭嘉六府地濵溟海境接倭夷寔
東西之巨屏北都之外幣也是以國家建設衛所

特置都指揮以總攝之封墩戰艦軍器靡不周備蓋恐外寇時窺中區為梗耳臣見去年倭夷入貢恣睢仇雪橫屠生靈戕及都司吾中國大被虔劉拱手莫捄實由武備廢殘素有蔑視之意將来之患恐未可量固不可不預為之處也伏望

皇上查照巡視舊例添設諳悉事故加意民隱都御史一員請勅督理將前項封墩戰艦軍器之數一一增修令不失舊然後奏聞成績徐議功賞以輟其任庶中國尊安而小醜絕窺覬之心矣時戶科

給事中劉穆承命訪察倭夷事情至是
上不允遂請勑令劉穆仍往浙江沿海地方整理武
備等事後素卿械至杭州有司勘以謀叛下海罪
繫浙江按察司獄及二倭賊自朝鮮至并繫之論
鞫獄成久而不行誅決先後盡瘐死於獄倭奴自
此懼罪不敢欵關者餘十年　四年浙江市舶太
監賴恩奏請頒換勑諭與臣管市舶司事兼提督
海道遇有夷賊動調官軍勦捕以固地方便益
上命照成化年間例換勑與他兵部尚書李越疏曰

政毋患於紛更法當務於謹始此地内官緣為提督市舶司而設比與邊方腹裏鎮守守備内臣專為地方者不同即令沿海督兵禦寇自有海道副使與備倭都指揮使分理於下又有鎮守太監與巡按御史提調於上事體相因已久沿海有警俱可責成若復又令市舶太監提督誠恐政出多門號令不一必掣肘誤事又況動調官軍係朝廷威柄遇有緊急必須奏請定奪賴恩小臣豈宜得輒擅自專推原其心不過欲假借綸音以招權罔利

也乞将原降戎命收田仍戒諭頼恩令其謹守舊規安静行事給事中鄭自壁亦疏曰頼恩肆意攬權恣情黷貨信鄭澤之姦計則延僞使為上賓受素卿之金銀則致宗設之大變三司熏欲受轄兵權輙冀專擅心每上人動将壞法内臣中之奉職無狀者也乞将取回别用另選老成安静内臣代其任事惟復痛加切責姑令擲省前愆用圖後贖其勅書仍照舊止管夷人進貢并抽分貨物衛所官軍不得干預勿得輕信撥置紛擾事端

上詔前已有旨俱不從頼恩又疏曰竊審日本國有
武臣三人一曰大内一曰細川一曰畠山是皆權
臣猶魯之三家彼國政柄不在國王而在權臣進
貢之事彼强則彼專此强則此攬國王則卒亦莫
華近况素卿叛去獘愈深矣合無將素卿從重處
治同来夷伴或流遠方或遣歸國另別差官賫勅
往諭國王今後來貢益謹効順親具表文面用國
璽毋容詐僞貢船毋過三隻使人毋過五百毋得
仍致大内細川等弄權私貢以乖國體浙江備倭

一等官除將臣庸材乞賜取回聞住別差賢能一員
嚴加提督整理邉務葺城池修戰船整軍器慎烽
瞭練兵卒先之於昌國石浦大嵩象山穿山舟山
定海觀海等喉舌緊要之處次之於松海金盤海
寧等衛可緩之方廵海兵備等官務選年力少壯
熟諳武畧勅專督理不拘三年五年就任加職庶
免更換致曠重務不許乆坐省城時須遍歷操練
事干急重乞許便宜仍勅福建等處鎮廵備倭等
官嚴禁漳州賊船不許縱放出海眩惑地方各衛

官軍月粮務着有司及時徵給不許缺乏疲斃官軍日後倭夷入貢照舊瞭報審實各執堅甲利器防守譯審是的方許護送入港苟有賊船臨邊務使多帶兵粮剿殺如有畏怯即以軍法重治庶為遵守庶幾内則官軍不致虚費廩餼外則足制邊境不致島夷侵漁矣

上乃詔沿海武備着鎮巡等官嚴督舉行巡海備倭官員有久不出巡坐視民患的聽各該巡按叅究

户科給事中劉穆疏曰節該欽奉勅浙江沿海地

方武備久廢弛仍會同巡按督併海道偹倭并守巡等官親詣各處查勘原設墩堡兵器戰船及官員軍士一一修復振作從宜區畫務俾武事修舉堪以保障事完回京復命臣會同巡按浙江御史潘倣親詣寧紹台溫沿海地方一應武備逐一修舉從宜區畫事完另行造冊奏繳外間有事關重大稍議興革雖未盡合機宜聊以補塞罅漏謹用條陳一添設巡視重臣東南諸夷惟倭黠猾比比虜尤為難制我

太祖遺信國公湯和親詣沿海經畧數年是以兵威大振夷醜竄伏今醜衆窺伺邊境危疑雖嘗嚴督海道官員整飭修舉但壞之於百年之餘而欲復之於一旦之驟雖才智拾倍過人者恐不能立致成效也况南北延袤千有餘里中間衛所堡寨錢谷甲兵不減陜西三邊之一獨責成海道一人威權既不加重施為且不自專添設都御史總視地方督理戎務假以便宜之權寬以歲月之久位望之重既足以清肅頹頡委任之專又足以振刷積

昔何武事之不舉而邊患之足慮哉一召募補伍軍士臣巡歷沿海衛所查點額設軍士逃故者既已過半老弱者又多不堪凡遇出海守哨未免足此缺彼武備之費未有甚於此者也議將各衛所縣軍民舍餘人等額充軍役者量行召募在官填補逃亡正軍以便差撥出海此固權宜區畫之道亦急迫不得已之舉也一選調才能武職臣請將在京在外各衛指揮等官查選才識優長性氣剛果武藝閑熟之人量加調遣分布沿海邊衛每處

二三員或令把總守禦或令掌印管操加以皷舞振作扶植誘掖氣習剛勁既足以振起頹風騎射精熟又可以教習士衆新舊無牽制之人挾詐有指撝之迹庶幾體統一正號令一新積習可袪兵威聿振矣亦不果行

按覩張逵劉穆之疏則後日添設巡撫其機已兆矣又豈待楊九澤之奏哉但浙中既有賴恩為市舶而請改敕書兼管兵務又有鄭文為鎮守而請換敕書如成化舊規行事俱得俞允之

查成化勅書除相同外仍有無管銀場幷官員貪贓壞法者四品以上具奏區處四品以下即拏究治軍民詞訟亦聽准理盖先時張慶有翊護前星之功

憲廟知其忠而柄之以任若是文之請盖為含糊之詞冒攬權之實給事中鄭自璧請取回鄧文選老成代任不從夫以一省之地置二竪之横殆亦中國內倭也其視廵撫之設何如哉而今論者乃獨歸咎於九澤謂其議建廵撫以啓倭患

謬矣且如銀塲舊時許開未聞大憝今銀塲封閉而礦寇嘯聚如四十六年之大刼非有總制三省之命其禍恐未息也因時制宜不可拘泥如此云

十七年倭使石鼎周良来貢禮部奏請申十年一貢之例命繳還正德以前勘合更給新者　二十三年復至無表文以非期弗納　二十六年又至仍以非期使停泊於海山嶼候明年期至而入

先是王直者徽州歙縣人少落魄有任俠氣及壯

多智畧善施與故人樂與之遊一時無賴若葉宗滿徐惟學（即徐碧溪）謝和方廷助等咸宗之為間相與謀曰中國法度森嚴吾輩動觸禁網孰與至海外逍遥哉直因問其母王媪曰生兒時有異兆否王媪曰生汝之夕夢大星入懷旁有峨冠者詫曰此弧矢星也已而大雪草木皆氷直獨心喜曰天星入懷非凡胎草木氷者兵象也天將命我以武興乎於是遂起邪謀嘉靖庚子年直與葉宗滿等造海舶置硝黃絲綿等違禁貨物抵日本暹羅西洋

諸國往来貿易五六年致富不貲夷人大信服之稱為五峯船主招集亡命勾引番倭結巢於寧波霩衢之雙嶼出沒剽掠海道騷動是年巡按御史楊九澤請設提督以彈壓之乃命都御史朱紈巡撫兩浙開軍門於杭紈乃調福建都指揮盧鏜統率舟師擣其巢穴俘斬溺死者数百直等皆走逸餘黨遁入福建海中浯嶼復命鏜勦平之紈仍躬督指揮李興發木石以塞雙嶼港使賊舟不得復入時海禁久弛緣海所在悉皆通蕃細奸則為之

牙行勢豪則爲之窩主皆知其利而不顧其害也紈嚴申禁令有犯必戮不少假貸然其間亦有一二被刑者未及詳審或有過誤杭人口語藉藉罪及建議主議群公紈又以督府新開綱紀務在振肅由是官吏亦稱不便而失利之徒怨謗蜂起明年朝廷更議廢置乃改巡撫爲巡視未幾紈復觧官去而東南自此多事矣

按嘉靖八年兵科都給事中夏言歷查浙江巡按王化有磐石衛縛官之奏張問行有蒲圻所

殺官之奏歐珠有寧波殺方面官之奏故建言請設浙江巡視大臣已得旨勅部中推選才望謀勇大臣二三員來看而輔臣張孚敬申議不可中止不設至是憲臣楊九澤乃復奏而夏言為首相適協其前既行復寢之議遂得旨設巡撫大臣來浙而朱紈首膺其任故今之議倭患者多追咎於楊以為不宜創建大僚以生事端又歸咎於朱以為法網太密使奸無所容遂致群逞殊不知是時王直之輩如蜮含沙勢必射

人如履藏氛勢必迷空況又有福建繫囚李七許二等百餘人逸獄歸直而為虎翼雖欲自已此輩將何適哉防海之官不過列衛正佐耳素倚通番貿易者為生計此與奸豪互窩無以異雖有海道兵憲臨之於上然不操生殺之柄則號令之而不畏不寄便宜之權則調發之而不應安能潛消此蠢動之宄夘也耶況因循積習之後動有牽制此督府之建所以不容已者鼂錯論漢諸王曰削亦反不削亦反愚於建督府

亦云且不建則叛逼而禍大建之則可以備叛而弭禍何也觀紈在浙之日號令嚴明賞罰必信規模法制卓有條緒是以浯嶼之勦雙嶼之塞確然著績使紈久任以責其成則懾服之威防禦之策合必井井而下海者絕跡矣由是貿[illegible]遠人且將為之用而況王直輩其有不容困受紈者乎吾知其或無今日荼毒之慘勞費之咎也今乃撤機穽以縱虎自貽禍患可勝嘆哉朱紈蘇州人清介之士歸家後朝廷有詔械繫別省舊巡撫朱某者訛傳逮紈紈伏毒死

五島倭人為亂王直有憾於倭欲報之及欲以威懾諸蕃請於防海將官勦之畧盡遂聲言宣力朝廷以要重賞且乞通互市將官弗許但餽米百石直以為薄大詬挍之海中從此怨朝廷頻入侵盜事聞廷議復建臺𦤎於杭命僉都御史王忬廵視海道暬兵仍置二叅將湯克寬俞大猷分守境内三十年王直令倭夷突入定海關移泊金塘之烈港自以巨舟泊列表叅將俞大猷率舟師數千圍之直以火箭突圍去怨朝廷益深且恥官軍易與也乃

更造巨艦聯舫方一百二十步容二千人柵木為城為樓櫓四門其上可馳馬往来據古薩摩洲之松浦津僣號曰京自稱曰徽王部署官屬咸有名號控制要害而三十六島之夷皆聽其指使每欲侵盜即遣倭兵　三十一年直遣倭兵寇溫州尋破台州黄巖縣復寇海鹽長驅至嘉興城外官兵禦賊戰於孟家堰死者三千餘人指揮李元律千戶薛綱等俱戰死別寇犯海寧僧兵與戰敗績皆死於赭山下是時官吏多不知兵惟松陽知縣羅

拱辰（廣西人）閒於武藝，調守浙東西諸處，挾悍勇家丁數十人自衛，所在皆有功，得陞按察僉事，駐浙西殺賊。副使陳應魁整飭兵備，借其家兵半為己用，由是軍遂弱，不能抗賊。調至松陽等邑土兵，皆不習水戰，每退縮奔竄，後河溺死者無筭。各處所募北地遊僧（所號僧兵是也），雖健勇而寡謀，倭人狡猾多防，每為其掩襲而敗。官軍技窮。已而賊襲破乍浦城，由是澉浦、金山、松江、上海、嘉定、青村、南滙、太倉、崑山、崇明諸處及蘇州府治，皆僅保孤城，城外悉遭焚刼賊或聚或散往来靡定如入無人之境遍於川陸凡吳越所經村落市井昔稱人物阜繁積聚殷富者半為丘墟暴骨如莽而柘林八團等處陳東建屋為巢據之持久不動餘半歲朝廷命南京戶部尚書張經總督軍務別置浙江巡撫命李天寵為之協謀勦殺經乃檄調川湖兩廣山東河南諸處兵未集而陳東拔巢四出剽掠滿載長驅至嘉善縣市會福建義夫長賴某被徵自汀州先至勇敢前向大破賊鋒賊已遁去賴兵因失傳餐

廼為退食被賊復轉掩殺遂為所乗多死馬頼兵每以大旗為陣門賊有衝先者則揮旗一捲必能夾之過陣斬其首賊遂潰故能常取勝至是與賊戰勝後時有二偏将亦在嘉善使作虚聲策應頼兵賊必不敢来襲乃退縮不顧頼兵勢孤而敗遠近痛惜之經與天寵時駐節嘉與比田州土官婦瓦氏統狼兵至士民踴躍望其殺賊而瓦氏亦願出戰立功復其孫祖職請於經不許寇復攻北門燔廬舍掠子女横殺無筭河水為赤狼兵以未得

經令不敢動

按苨氏者田州土知府岑猛之媳也猛自乃祖

陰謀奪嫡枉殺忠良頭目呂召傳至其父岑溥

恣惡興兵結怨鄰壤猛承其官又偏聽頭目黄

驥私撥土地結好思恩府土知府岑濬濬作亂

襲破田州逐猛放兵刼掠两廣都御史潘蕃總

兵帶經討濬誅之遂奏濬已顯戮猛自陥府治

難托專城要将二府改為流官猛改降同知尚

書王時中馬文升等議從其請且将濬家小觧

二千里外安置猛降為世襲正千户押赴福建
沿海衛分帶俸岑璋禍源可絶
孝宗從之押猛送平海衛猛中途逃回後調南丹拒
不赴任正德二年猛托祖毋奏以侍養為名又
令田州夷民奏乞容留本處附近衛所聽調殺
賊四年猛納金刀異器於劉瑾改授本府同知
後調征郴州得陞指揮調征饒州姚源洞江西
都御史陳金乃奏指揮知府品級相同復猛知
府仍於知府上論賞璋為之地

武宗准於指揮上陞一級嘉靖初猛得志復作亂殺
官奪印其子岑邦彦縱兵殺掠
世宗乃命都御史姚鏌征之猛彼獲㓷屍梟示邦彦
走死齊村其遺下頭目盧蘇王受搆衆煽亂攻
陷思恩鏌復征之久弗克為巡按石金所論鏌
罷去改命新建伯王守仁總督兩廣軍務隨宜
勦撫守仁至下令招降盧蘇等議立其子邦相
為田州知州
世宗詔邦相准與徵田州署州事吏目仍聽流官知

府控制後有勤勞依擬陞擢今瓦氏盖邦相妻也相死子復繼亡瓦氏以太君權州事年在五十以下馭衆剛明人畏憚之張經兩廣總制之時常調其州兵殺賊有功曾蒙奏賞故遠來報效冀立殊勲以復同知之職與其孫也初至甚有紀律軍士歛戢不敢肆咸奮迅破倭而經竟不遣之出戰優遊於嘉興諸處頗有河上翺翔之意軍士咸生怨悔之心經去後又隨闔帥徃来年餘竟無成功而還於是所至騷擾鷄犬不

寧聞尾氏兵至在在閉門逃出殆與倭寇之過
無異焉又按經之在嘉興諸路兵集各有殺賊
之志而經再不發一令者何哉盖其初制兩廣
苗賊不時出刼賊巢不遠一掠即歸歸後方命
兵尾其後取所擄遺老弱即以報功未嘗交戰
狃為長策今經亦欲待倭奴殺掠飽還逦出師
如兩廣故事而不虞倭奴自海登陸焚舟持久
残破日深遂疑軍門通賊流言四播朝命趙文
華至浙名雖祭海實偵經也經始不自保矣

上以賊未平勅工部侍郎趙文華致祭海神尋有[illegible]視之命倭衆四千攻圍金山城久據乍浦尋擁至平望王江涇諸處廵按御史胡宗憲督叅将盧鏜總兵俞大猷所統部卒及狼苗等兵大戰於百步橋悉擒斬之築京觀

嘉靖初平望鎮殊勝寺有一道人来遊題其壁曰我自蓬萊跨鶴歸山僧不遇意徘徊時人莫解菩提寺三十年餘化作灰題畢而去後倭夷至鎮寺悉被燬距題詩之日九三十一年矣

文華還朝遂劾經玩寇殃民按兵不戰械繫入都下擢宗憲代經然賊愈猖獗一支數千自柘林走海寗直抵杭州北關外屯聚刼掠巡撫李天寵命燒近城湖上僧寺閉門歛兵而已一支有賊九十三人自錢塘渡浙至奉化復轉而還渡曹娥江御史錢鯨便道還慈谿適值賊遇害已而入富陽過嚴州徽州到南京城下京營把總朱襄蔣陞被殺城門晝閉賊鼓行東掠蘇州寇常熟知縣王鈇與致仕叅政錢泮俱為所殺已復攻圍江陰知縣錢

鐔死之言官劾天寵懦怯縱賊奪其職尋亦被逮與張經並下吏以軍法論死　三十三年七月倭夷寇廣東潮州先是都御史談愷聞兩浙直隷諸郡倭寇猖獗恐其延及惠潮也遂移檄巡視海道議戰守事宜以靖海防時廣東巡視海道副使汪栢議將防守潮州柘林長沙等處海澳兵船併為柘林一哨碩募東莞烏艚二十隻潮州白艚船十隻共撥兵一千二百名委指揮黑孟陽為中軍統領指揮李爵李鑑千戶王詔虞欽尚昂戴應先等

部領往来廵哨議上督府愷允之既而守備玄鍾澳指揮同知候熈亦請禁接濟倭夷遂以其議行廵視海道轉行備倭守備及沿海府縣衛所掌印廵捕等官嚴督各哨官兵如遇倭船乘風泊岸星火飛報各處官司督兵協力追捕適備倭千户于瑛報有賊首徐碧溪洪老等撑駕大夾板彎尾船從福建海洋乘風突来深澳湊合賊首林寄老等督撫令于瑛加謹防捕及督指揮黒孟陽等部領兵船協同各該哨備倭官兵相機設法擒捕至七

月初二日果有賊船三隻背馬船五隻從福建汀州外洋泊潮州柘林時我兵既以預先警備賊至不敢近岸黒孟陽等即統各哨兵船兼程前進初三日至柘林初四日官兵奮勇與戰對敵兵威大振攻賊敗船三隻賊首徐碧溪等被傷賊衆落水淹死者不計其數浪湧不能取功生擒番海賊寇方四溪等共一百八十名皆係近時攻陥浙江等台温及蘇松諸郡縣巨寇今又奏合暹羅東洋諸國番徒經年在海刼掠流毒滋甚幸而籌策先定

防守唯嚴數千逋寇一旦削除各省宿寃一麾可雪矣朝廷屢憂東南加胡宗憲兵部侍郎總督浙直福建軍務八省錢粮官吏聽其調用以提學副使阮鶚為巡撫　三十五年海賊徐海號明山和尚即徐碧溪姪亦與王直相黨援者陳東與倭酋辛五郎等復擁衆寇松江嘉興諸郡聲言欲取金陵建都乃由峽石越皂林出烏鎮以北新巡撫阮鶚自嘉興還杭州適與之遇急走輕舸入保桐鄉城叅將宗禮與禪將霍貫道皆河北驍帥厚集其陣合擊殺數十人會日

暮賊引去時賊氣雖窘而二将亦絶糧道不得擇善地休止孤壘無援賊復縱兵出戰二將俱陷歿賊乘勝圍桐鄉宗憲檄諸路兵進援逡巡惶怖不敢近城中奪氣陳東又伐大木盛為撞杵以攻城城幾壞一男子獻計為巨索懸於城候撞杵至即攣之曳以升不得撞又募冶工煑鐵為汁灌城下賊賊不敢逼久之賊解圍去阮鶚得出還杭州鎮徐海等擁至平湖據沈家庄為巣初攻桐鄉時海先撤圍陳東意海私受軍門重賄頗不平至是海

文與麾下葉麻爭一女子有隙海乃遣人至軍門約降且以計縛葉麻陳東送至為信軍門許之時文華暨尚書奉命督察軍務重涖嘉興乃與宗憲暨當事諸公詣平湖受其降海率死士三四百人環甲露刃突進城中納款稱罪遂厚犒之而出尋將歸大洋適所調永保峒兵至奮擊敗賊海死亂兵中辛五郎被獲與葉麻等囚至京師獻俘告

廟伏誅時浙西諸郡惟嘉興去海七十里而近賊登岸甚便最為要衝先是[illegible]衛庫中兵器夜則自

鳴錚錚有聲識者以為兵兆郡城地方李上生瓜長寸許剖之其中惟水諺云李樹生黃瓜百里無人家後果首被賊禍村里斷烟云禪將領僧兵官也

錢薇血淚歌曰四月五日海作妖青天霹靂山走潮千艘蜃賊狐狹虎萬屯鐵騎鼠見猫金緋大將膏鋒鏑糜爛細民喙烏鶚端陽五日與六日四郊煙焰連雲高紅巾塡塞泰溪野勁鏃毒矢殺氣豪此時哭聲動天地橫山積血成波濤少婦汚蛾觸白刃嬰兒中槊娘同刀豈無脫奔

保首領官軍刼奪無路逃夜来仰看旄頭星烱
烱未臧心忉忉誰為入奏明光宫流離乞撫血
淚號

附全十册目録

天方國
卷之十二　西戎　哈密
卷之十三　西戎　吐魯番

殊域周咨録（七）

卷之十四　西戎　赤斤蒙古　安定阿端　曲先
罕東　火州
卷之十五　西戎　撒馬兒罕　亦力把力　於闐
哈烈
卷之十六　北狄　韃靼

殊域周咨録（八）

卷之十七　北狄　韃靼
卷之十八　北狄　韃靼

殊域周咨録（九）

卷之十九　北狄　韃靼
卷之二十　北狄　韃靼

殊域周咨録（十）

卷之二十一　北狄　韃靼
卷之二十二　北狄　韃靼
卷之二十三　北狄　兀良哈
卷之二十四　北狄　女直